融合与创新

德育·传统文化·综合实践活动

游爱娇 著

上海科技教育出版社

图书在版编目(CIP)数据

融合与创新:德育·传统文化·综合实践活动/游爱娇著.—上海:上海科技教育出版社,2021.7(2023.8重印)

ISBN 978-7-5428-7582-2

Ⅰ.①融… Ⅱ.①游… Ⅲ.①活动课程—教学研究—中学 Ⅳ.①G632.3

中国版本图书馆CIP数据核字(2021)第153606号

责任编辑 张 蕊 张心凯 韩 静
封面设计 李梦雪

融合与创新:德育·传统文化·综合实践活动
游爱娇 著

出版发行 上海科技教育出版社有限公司
(上海市闵行区号景路159弄A座8楼 邮政编码201101)
网 址 www.sste.com www.ewen.co
经 销 各地新华书店
印 刷 天津旭丰源印刷有限公司
开 本 720×1000 1/16
印 张 12.5
版 次 2021年7月第1版
印 次 2023年8月第2次印刷
书 号 ISBN 978-7-5428-7582-2/G·4481
定 价 48.00元

序　一

综合实践活动拓荒者

2001年6月，教育部印发《基础教育课程改革纲要（试行）》，大力推进基础教育课程改革，调整和改革基础教育的课程体系、结构、内容，构建符合素质教育要求的新的基础教育课程体系。此次基础课程改革的亮点之一，就是“从小学至高中设置综合实践活动并作为必修课程”。回顾这门亮点课程在福建省中小学的实施推进过程，我们欣喜地看到，福建省综合实践活动课程的研究与推进走在全国前列，取得令人鼓舞成果。

第一，先后有4次全国性研讨交流会在福建省召开。一是2005年5月全国教师教育学会综合实践活动学科委员会综合实践活动理论与实践学术研讨会在福州鼓楼区召开；二是2006年9月全国基础教育课改实验区综合实践活动第四次研讨会在福州梅峰宾馆召开；三是2011年11月全国综合实践活动教学观摩研讨会暨第五届学术年会在厦门召开；四是2015年11月全国教师教育学会综合实践活动学科委员会第九届学术年会暨综合实践活动课程促进学生全面发展研讨会在泉州召开。这些全国性会议给福建省综合实践活动课程增添了活力，推动其常态实施。与此同时，福建省的课程实施经验获得认可与提升。

第二，福建省率先在全国建立综合实践活动高级职称系列。2007年首次评聘综合实践活动小学、中学高级职称，2010年首位中学综合实践活动特级教师诞生，2014年首批中小学综合实践活动学科带头人获得认定，2015年首位综合实践活动名师获得认定，2017年首位综合实践活动正高级教师通过评选。目前福建省已有8位综合实践活动正高级教师，职称系列的建立落实有力推进了我省综合实践活动课程的常态实施。

第三，福建省综合实践活动教师培训走在全国前列。福建省率先把中小学综合实践活动教师培训列入常规培训计划，凡是主要学科有培训的项目，如名师、学科带头人、骨干教师、乡村教师、壮腰工程等，综合实践活动都有相应培训项目，培养了首批学科带头人和两批名师，为全省综合实践活动师资队伍建设奠定了基础。福建省连续九年承办教育部国培计划综合实践活动项目，在教育部的匿名评估中连续多年位列前三名；2015年专职培训团队在匿名评估中排名第一；2018年“小学综合实践活动一线优秀教师示范性集中培训”项目被评为教育部首批“国培计划”精品培训项目。福建教育学院成为教育部综合实践活动国培计划基地学校。

第四，成功探索形成“晋江重华中心小学综合实践活动常态化实施”“龙岩永定二中远足主题四大领域整合实施”“南安翔云中学农村初中实施”模式，对全国产生积极影响。其中，晋江市小学综合实践活动区域推进实施属全国先进水平。

第五，开发了系列课程资源，福州市鼓楼区在全国最早出版低中高年级综合实践活动资源包。方法类的《小学综合实践活动指南》《综合实践活动研究性学习手册》为全国独特资源。

福建省综合实践活动课程取得如上成绩，离不开全省中小学综合实践活动拓荒者的共同努力与艰辛付出，龙岩市教育科学研究院综合室主任游爱娇就是首批优秀的拓荒者和学科带头人。

2002—2005年永定二中开发了远足主题实践活动优秀案例，把综合实践活动中的信息技术教育、研究性学习、劳动与技术教育、社区活动与社会实践四大领域成功整合，真正实现了综合实践活动课程设置初衷，为全国首创。该项目是在当时的阙锦章校长带领下，由游爱娇副校长主要组织实施。如果按目前综合实践活动实施水平分为1.0（每周1~2节课）、2.0（每周半天社团活动类）、3.0（两三个学科整合）、4.0（四大领域整合）、5.0（综合实践活动引领所有学科——重庆巴蜀小学模式）五个层次水平评定，远足主题实践活动为4.0层次水平。2006年在福州梅峰宾馆会议上远足主题实践活动案例向全国推广。随后，永定二中还开发了以“体验营销”为内容的同类整合案例。近几年全国兴起研学旅行，其实永定二中早在十年前就已开始并持续组织实施。远足主题实践活动开展至今，已成为永定二中的学校品牌，这与游老师长期坚持组织和在调离工作单位后继续指导督促密切相关。2012年，游爱娇老师调到龙岩教育局普教室任综合实践活动专职教研员，后来担任综合教研室主任，由一所学校的组织者转为龙岩全市中小学综合实践活动课程实施的引领人，在更大的舞台上发挥作用，多年的努力换来骄人业绩。

一是积极培养综合实践活动课程教师队伍。先后成立龙岩市小学、初中和高中综合实践活动名师工作室，通过名师辐射引领，培养了一批优秀的综合实践活动骨干教师。2017年高中综合实践活动名师工作室领衔名师蓝伟文获评正高级职称，是我省首位综合实践活动正高级教师，对综合实践活动教师队伍建设产生极大的促进作用，该项获评与游爱娇老师的引领密不可分。此外，还通过各种培训班、综合实践活动学科技能比赛、片段教学、说课、案例评选等系列活动促进教师专业成长。

二是大力开发综合实践活动整合实施课程资源。发挥永定二中远足主题实践活动整合实施成功经验，积极开展以综合实践活动为载体，融合德育、优秀传统文化教育、革命传统教育、国家安全教育、心理健康教育、环境教育、法治教育、知识产权教育、生态文明教育等主题的实践活动，从多方面多角度多领域整合实施，形成区域推进、常态实施、有效运行、整合实施模式，取得了显著实施成效。

三是整合实践研究取得丰硕成果。近年来发表数十篇论文，其中在核心期刊发表的有2篇；连续多年获得福建省教学成果奖；组织编写出版“龙岩市中小学研学课程指导”丛书（高中、初中、小学三册）；主持的“闽西传统文化的传承与创新主题实践”项目被评为福建省德育建设十佳示范项目。

《融合与创新：德育·传统文化·综合实践活动》一书是游爱娇老师引领龙岩

市综合实践活动课程实施和推进的成果体现，内容丰富、全面翔实、整合范围大、可操作性强。本书是游爱娇老师20年来扎根于综合实践活动课程不懈努力奋斗的结晶，也是龙岩综合实践活动团队拓荒者们共同的精神财富，相信将对我省综合实践活动常态、有效实施产生积极影响和示范作用。

邹开煌

福建教育学院教授

教育部国培计划首批专家

福建省陶行知研究会执行会长兼秘书长

福建省“十三五”名师名校长培养工程专家委员会成员

2021年5月

序　二

综合实践活动践行者

综合实践活动课程是第八轮课程改革新增的必修课程，也是本轮课程改革的一大亮点。如何根据课程目标，结合区域实际，有效实施综合实践活动课程，是值得我们实践探索的重要课题。游爱娇老师及其研究团队充分利用闽西丰富的文化、生态等课程资源，从组织学生开展远足主题实践活动开始，进行了德育、传统文化、综合实践活动融合与创新（简称“三融创”）的课程资源开发及课程有效实施的探索和研究。

本书介绍了龙岩市中小学开展德育主题实践活动的初步体验，特别是综合实践活动课程常态实施策略，提炼了德育、传统文化、综合实践活动融合与创新操作模式，提供了德育、传统文化、综合实践活动融合课程资源开发与利用的基本经验，总结了区域性中小学研学课程建设的有益探索，精选了德育、传统文化、综合实践活动的融合与创新课堂案例。

作者游爱娇老师系福建省综合实践学科带头人，本书汇集了她多年实践探索、理论研究的丰富成果，尤其是在如何开发实践教育课程资源、拓展综合实践活动课程实施路径、实现德育、传统文化和综合实践活动融合与创新等方面的特色成果，提供了方向正确、理念先进的实践范式和成功经验，初步呈现了构建新时代德育、文化、课程一体化全面培养体系的“龙岩方案”。

本书内容丰富，贴近实际，既有实践探索的经验总结，又有对课程建设、课程实施的分析思考，对于区域、学校、教师落实立德树人、传承优秀文化、实施综合实践活动课程富有指导意义和参考作用，是一本集理论研究、经验提炼和实施指导于一体的佳作。

罗养贤

福建省特级教师

福建省龙岩市教育科学研究院原院长

2021年5月

前　言

“创新、协调、绿色、开放、共享”的新发展理念，引领着教育改革发展及人才培养的新理论、新思维、新举措。作为新时代的教育工作者，落实新发展理念，需要确立以培养创新精神和实践能力为核心，建立学生活动体系，形成全要素、多领域、高效益的融合发展格局，推动优秀传统文化的传承，促进人与自然和谐共生，进而培养学生的健全人格和良好思想品德。正如习近平总书记强调，“不忘立德树人初心，牢记为党育人、为国育才使命。”“要把立德树人的成效作为检验学校一切工作的根本标准，真正做到以文化人、以德育人，不断提高学生思想水平、政治觉悟、道德品质、文化素养，做到明大德、守公德、严私德。”本书遵循创新是教育改革发展的核心动力的理念，将德育、传统文化、综合实践活动进行融合，努力体现以文化人、以德育人的创新举措。

2003年新一轮基础教育课程改革在义务教育阶段全面铺开，改革是时代发展的必然要求，对建立具有中国特色的基础教育课程体系，提高国民素质有重要的意义。教育部2001年印发的《基础教育课程改革纲要(试行)》规定，综合实践活动是必修课程，其内容主要包括：信息技术教育、研究性学习、社区服务与社会实践以及劳动与技术教育。但是综合实践活动课程没有现成的实施模式，需要各地在实践中进行开创性的探索。广大的课程实施者以前所未有的改革热情和创新精神，认真落实课改精神，开发了大量的课程资源。其中，福建省龙岩市永定二中的远足主题实践活动是综合实践活动课程四大领域课程资源整合的最佳模式之一，是实践新课程、体验新课程、研究新课程所创造的新范式。远足主题实践活动不仅可以充分利用当地传统文化资源，而且符合学生的年龄特点和学校的实际情况。永定二中将其作为学校常态化开展综合实践活动的核心课程，至今已经有17个年头，为我们今天研学实践教育提供了很好的操作范式。

在这个过程当中，实施者也遇到了很多阻力：首先是教师的工作量大，没有可借鉴的经验；其次是学生家长的认可度问题；最后是指导力量薄弱。带着这些问题，笔者带领团队开展了区域推进综合实践活动课程的系列活动，构建了以德育、传统文化、综合实践活动课程相结合的操作模式。2016年，我们开始对这种操作模式开展实践研究，开发出更多类型的主题实践活动，在龙岩各中小学进行实验。永定二中作为实验学校，与我们共同研发了一套基于远足主题实践活动（涵盖德育、传统文化、综合实践活动课程）的教学用书，解决了教师指导方向问题。结合国家、教育部近几年颁发的各类文件，笔者团队又以研学实践教育为主线，深度验证德育、传统文化和综合实践活动融合与创新的操作模式，研制了《龙岩市中小学研学课程指导用书》（高中、初中、小学各一册），同时配合市教育局，编制了《龙岩市中小学研学实践教育规划与实施指导意见》，开展了片段教学、送教送培活动。后续，我们将重点关注德育、传统文化和综合实践活动融合与创新课程化管理评价的研究。本书重点介绍德育、传统文化和综合实践活动融合与创新的重要性、相关研究成果、操作模式以及课程化的一些做法，以期帮助教师们更好地掌握、应用和推广这类课程。

一、为何要提出德育、传统文化和综合实践活动融合与创新探索

2016年12月，教育部等11部门印发了《关于推进中小学生研学旅行的意见》；2017年8月，教育部印发《中小学德育工作指南》；2017年9月，教育部印发《中小学综合实践活动课程指导纲要》（以下简称《纲要》）。这3份文件共同强调了把研

学旅行纳入学校教育教学计划，与综合实践活动课程统筹考虑，促进研学旅行与学校课程、德育体验、实践锻炼有机融合，以立德树人、培养人才为根本目的。2017年1月中共中央办公厅、国务院办公厅印发了《关于实施中华优秀传统文化传承发展工程的意见》，对如何实施中华优秀传统文化传承发展工程做出了具体要求，并提出充分利用历史文化资源优势，规划设计推出一批专题研学旅游线路。《纲要》指出“可将有关专题教育，如优秀传统文化教育、革命传统教育、国家安全教育、心理健康教育、环境教育、法治教育、知识产权教育等，转化为学生感兴趣的综合实践活动主题，让学生通过亲历感悟、实践体验、行动反思等方式实现专题教育的目标”。

为了避免德育、传统文化、综合实践活动课程孤立开展，耗时、低效等问题，根据文件精神，探索德育、传统文化和综合实践活动融合与创新的操作模式，符合时代的要求。

二、如何落实德育、传统文化和综合实践活动融合与创新课程建设

认真学习有关文件，理解开展德育、传统文化、综合实践活动课程的目的、意义以及操作要点，“以综合实践活动课程为依托，以传统文化为主线，以德育实践活动为形式”开设课程；采用考察探究、社会服务、设计制作、职业体验及其他活动方式，培养学生价值体认、责任担当、问题解决、创意物化等方面的意识和能力。按照课程建设要求，需具备课程目标、课程内容、课程实施、课程管理等各项要素，整体设计，将办学理念、办学特色、培养目标、教育内容等融入其中，形成德育、传统文化和综合实践活动融合与创新课程建设体系，并加强规划、实施、评价的研究。

三、德育、传统文化和综合实践活动融合与创新课程建设注意事项

德育、传统文化和综合实践活动融合与创新课程既是学校教学工作的重要内容，也是德育工作的重要抓手。在课程实施时，学校应成立领导小组，由校长担任组长，分管教学和德育的副校长担任副组长，教务处、政教处、团委、年段长、综合实践活动教研组长为成员，负责整个课程的管理、规划工作。每学年开学前确定主题、规划课时设置，安排综合实践活动课程方法指导教师和外出活动指导团队，选择合适的教育基地如传统文化研学基地，做好安全预案和评价意见。组织人员共同制订实

施方案，并经教职工代表大会通过。组织教师开展研究，提高教育质量，选择合适的成果展示形式，提升课程的实效性。课程实施后，尽可能进行完善，形成校本课程、特色课程，为课程的延续积累更多经验。

本书系笔者主持的福建省德育建设十佳示范项目“闽西传统文化的传承与创新主题实践”、福建省基础教育课程教学研究课题“学校综合实践活动课程规划与实施的研究”(课题编号:MJYKT2019-229)、龙岩市德育课题“基于闽西传统文化传承·德育实践课程化的初步探索”、龙岩市教育局科研专项项目“龙岩市研学课程开发”等的研究成果。部分成果在国家级、省级教师培训中做过专题介绍，或发表于专业期刊，其中基于德育、传统文化和综合实践活动融合与创新的成果——“龙岩市中小学研学课程指导”丛书(游爱娇主编)为中小学生传承闽西的红色文化、客家文化、生态文化，接受劳动教育、国防教育，发挥了重要作用。

本书撰写过程中得到了课题研究团队、专家等的热心支持，特别感谢黄仁辉主任、邱静芳老师前期提出的建设性建议，黄春信、卢晓荣、李玉梅等老师帮助审稿，感谢上海科技教育出版社副总编凌玲，编辑张蕊、张心凯、韩静在本书出版过程中的帮助，在此一并致以诚挚的敬意！

限于水平与能力，本书肯定存在许多不足之处，恳请广大读者批评指正。

游爱娇

2021 年 5 月

目　录

试点探索篇

2001年5月《国务院关于基础教育课程改革与发展的决定》颁布，2001年6月教育部印发《基础教育课程改革纲要（试行）》指出，综合实践活动课程主要包括信息技术教育、研究性学习、社会服务与社区实践以及劳动与技术教育四大领域。其中，研究性学习是基础教育课程改革的亮点。

2003年龙岩市义务教育阶段课程改革全面铺开。永定二中作为一所2000年创办的新学校，积极响应国家号召，对新开设的综合实践活动课程特别关注。笔者作为当时分管课程改革的副校长，组织大批教师前往课改先进地区学习，充分认同研究性学习，开始了扎实有效的实践探索。每周五下午第三节课确定为研究性学习指导课，学校严格按照研究性学习规范实施要求进行指导。当时永定二中七年级共14个班级，各班学生按照兴趣爱好确定研究课题，每个班级成立4~6个课题研究小组，选择各科任课教师作为指导教师。学年结束时，学生呈现了丰富多彩的学习成果。2004年七年级和八年级同时开展研究性学习，两个年级29个班级的学习成果在全市开放周活动中进行展示，得到参与活动代表的高度好评。2004年11月，永定二中被评为“福建省普通初中示范校”。2005年，在福建教育学院邹开煌教授的用心指导下，学校开始尝试开展远足主题实践活动，力求实现综合实践活动课程四大领域的整合。学生结合学校周边地区的传统文化和生态文化资源进行选题，通过远足主题实践活动来完成研究性学习，取得了良好效果。可以说，当时永定二中已将远足主题实践活动作为学校推行综合实践活动的常态化课程。

2005—2011年，笔者经过近7年的实践探索，充分感受到远足主题实践活动能够囊括国防教育、缅怀先烈、体验农家生活、课题研究、参观访问、征文比赛等多种活动形式，培养学生理性思维能力、人际交往能力和生存能力，让学生在发现问题、分析问题和解决问题的过程中，变得更加自信、勇敢。远足主题实践活动得到学生、家长的一致好评。远足归来的学生由衷感叹：“远足，让我们更精彩!”家长也都反映：“远足回来以后，孩子更勇敢，更坚强，更懂事，更成熟了！”远足主题实践活动也为教师的教学实践提供了发挥创新潜力的更广阔的空间，促进其教育理念的转变。远足主题实践活动获得了永定二中全校教师的认可，人人成为远足主题实践活动的指导者、组织者、参与者和受益者。

远足主题实践活动有机整合综合实践活动四大领域

基础教育课程改革以来，广大教师不断探索综合实践活动课程，取得一定的成效，开发了大量的课程资源。但其中以研究性学习为主的资源多，以劳动与技术教育为主的资源少，而整合四大领域的资源就更少了。读万卷书也要行万里路。远足主题实践活动为学生放下书本、走出校门，尝试独立走进丰富多彩的生活搭建了一个良好的平台。更为可喜的是，远足主题实践活动可实现信息技术教育、研究性学习、社会服务与社区实践以及劳动与技术教育四大领域的有机整合，以较短的时间、较低的成本取得最显著的成效，在诸多方面取得突破性成果。

一、精心策划组织，确保远足主题实践活动顺利开展

这里所说的远足，实质是连续的系列活动。其简要流程为：军训—远足—参观红色旧址—考察调研三农问题—生存能力挑战—篝火晚会—成果展示。该活动以远足为载体，让学生亲身实践，深度体验。永定二中每学年举行一次远足主题实践活动，每个年级的活动地点和活动主题各有不同。每班安排一名任课教师同行，同吃同住同活动。每两个班学生一队，配一名武警战士任队长。活动具体安排：由武警战士任教官组织学生在校军训两天；第三天一早从学校出发，步行 10~12 千米（八年级、九年级可更远些）至红色旧址参观后，在附近的大本营统一吃午餐，餐后开始搭帐篷，午休；下午分组进村入户考察调研，到农家采购食材、借用灶具；分工合作制作晚餐，餐后收拾整理；晚上举行篝火晚会，学生进行才艺表演，邀请村民观看；当晚露宿大本营；第四天早起，打扫场地，步行回学校；返校后分组总结、讨论，制作电子汇报作品，全班、全校交流评比。

为了更好地开展远足主题实践活动，前期准备工作务必做细做好：指导学生学习研究性学习的基本方法，进行信息技术和劳动技能培训；制订活动方案，并指导学生完成研究性学习的选题、小组分工和活动计划的制订。此外，还要考虑安全保

障,如交通安全、场地安全、食品安全、用火安全、采访考察安全等,加强纪律。同时还要配好校医、校车,取得当地政府、村委会、村民以及家长的支持。

二、远足主题实践活动内容丰富

(一)军训是学生接受国防教育的基本形式

通过军训,学生学会一些基本的军事知识和技能,体会到人民解放军热爱祖国、献身国防、艰苦奋斗、吃苦耐劳、勇敢顽强、坚韧不拔的优良品格。这些都有利于学生树立共产主义理想信念和正确的世界观、人生观、价值观;有利于培养学生爱国主义、集体主义精神;有利于学生学习军事科技知识,增强国防观念,开阔视野,改善知识结构,活跃思维方式;有利于磨砺学生的意志品质,培养艰苦奋斗、吃苦耐劳的作风,增强战胜困难的信心和勇气;有利于学生组织纪律性的提高和身体素质的增强,从而为将来建设祖国、保卫祖国打下坚实基础。

(二)生存能力挑战促进学生劳动技能的提升

生存能力挑战是最好的社会实践内容。一是来回步行几十千米,需要体能和毅力;二是要自己搭帐篷,解决住宿问题;三是要自己解决晚饭问题。来回几十千米的远足,既是对学生身体素质的考验,又是锻炼学生毅力、磨砺学生意志的机会。学生通过途中与大自然的亲密接触,领略沿途的美丽风光,在陶冶情操的同时形成热爱大自然、保护大自然的意识。学生靠集体的力量、个人的毅力战胜困难和伤痛,互相帮助,互相鼓励,战胜惰性和娇气,在自己的人生中留下美好的回忆,真正体会到团结力量大的道理。

当天的晚餐对于学生来说非同一般。按每人10元的标准,8~10人一组自由组合进村采购食材,寻找合适的农家借用灶具,制作饭菜。采购食材、做饭烧菜的体验,这一过程渗透着劳动与技术教育,使每个学生都必须充分挖掘生存能力,同时感受到村民的热情、体验到淳朴的民风。对于从未做过家务的学生来说,还能从中体会家长的辛苦。

篝火晚会是活动的高潮。辛苦了一天的学生,晚上聚在一起欣赏自己带来的才艺表演,消除疲劳,度过一个快乐的夜晚。晚会给学生搭建了才艺展示的平台,同时也给村民们带来了一场别开生面的文艺盛宴。

（三）三农问题的考察调研富有时代意义

通过此项活动，学生深入农村，调查种植业和养殖业的现状，以及农民的生活需求等，学会关心他人、关心国家大事，把国家利益与个人成长联系在一起。特别是来自城区习惯于饭来张口、衣来伸手的学生，看到农民生产生活的艰辛，更加能体会“谁知盘中餐，粒粒皆辛苦”的内涵，珍惜粮食，感恩现在的生活，养成勤俭节约的好习惯。

（四）在实践中提高信息技术应用能力

活动过程中的摄影、摄像，活动结束后的汇报课件全部由学生自己负责，已经把信息技术与远足主题实践活动的实施过程有机地整合起来。每一个研究性学习课题组都要运用多媒体技术展示汇报三农问题的考察调研情况和整个活动中小组成员的心得体会等，在制作、展示的实践中有效提高了学生信息技术的综合应用能力。

三、远足主题实践活动带来师生转变

（一）远足主题实践活动为学生未来的发展打下良好基础

学生通过远足主题实践活动增长了知识，开阔了视野，自主学习、实践能力大大增强。学生参与征文比赛并由教师点评，使情感、态度和价值观得到进一步提升。学生在活动中获得成功的体验，个性得到充分张扬，反过来促使他们改变学习观念，改进学习方法，增强学习的主动性、自觉性。组织学生对三农问题进行考察调研，提高了学生的综合素质，加强了学校教育与社会发展需要、科技进步以及社会生活的联系。

（二）远足主题实践活动对教师教育观念转变有较大促进作用

远足主题实践活动为教师的教学实践提供了一个发挥创新潜力的更广阔的空间，促进了其教育理念的转变。活动中教师与学生吃、住、行都在一起，不仅增进了师生感情，更重要的是师生一起经受了考验、经受了挑战、经受了洗礼。在这个过程中，学生的表现促使教师的一些观念发生转变，更加坚信：开设综合实践活动课是课改的重要组成部分，不开展综合实践活动，课改难以推进；教育教学观念不更新，课改会成为一句空话。通过深入开展课改实践，永定二中的教师们专业水平有较大的提升，教育教学质量和学生的综合素质都有了提高。

（三）远足主题实践活动让德育落到实处

随着未成年人思想道德教育的深入开展,作为学校,更要思索如何增强学校德育工作的实效性、针对性和创造性。远足主题实践活动是永定二中落实学校德育工作,针对性强、实效性好、富有创造性的举措。通过该活动,培养学生坚强的意志、顽强拼搏的精神,增强团结合作意识和集体荣誉感,在亲近自然、感受自然中培养学生尊重生命、热爱自然、保护环境的意识。有一位家长这样说:“我的孩子已上中学,总有一天她要走向社会面对激烈的竞争,学校举办远足主题实践活动可以培养她的拼搏精神和竞争意识,学到书本上学不到的知识。她以前从未参加过这类活动,我们家长建议学校多组织类似的活动。”4个半小时的步行路程,与其说是单纯体力的考验,不如说是对学生意志力和自信心的考验。绝大多数学生有生以来从未体验过如此艰辛的长途跋涉,更让他们真正体验到什么叫坚强,什么叫挑战,感悟到了何谓“人生无坦途,坚实走好每一步”的真正内涵。

四、远足主题实践活动实现多方整合

课改初期各学校大力开展社区服务与社会实践以及信息技术教育,后又积极探索研究性学习、劳动与技术教育,侧重以主题探究为主的研究性学习,但内容过于单一,学生获得的知识有一定局限性。永定二中将远足主题实践活动作为落实综合实践活动课程的一项重要内容,每年组织2000多人开展此项活动。选择远足主题实践活动作为学校综合实践活动常态化实施内容,可以充分利用当地资源,资金投入少,时间紧凑,效果好且又安全,不仅符合学校的实际,也符合学生的年龄特点。

综合实践活动并非人类现成经验的堆积,它是师生双方共同建构的课程,而课程的开展则成为师生共同探索新知识的过程。课程动态发展的过程以及课程与教学的内在统一,为学生与教师主体性的发挥创造出广阔的空间,促进对教育理念更多的思考。远足主题实践活动目标达成多且好、层次高,包含国防教育、自我能力体现、考察调研、劳动锻炼、交流互助、多媒体制作展示、征文比赛等多项活动,培养了学生吃苦耐劳的精神,既有社会、人文的体验,又有知识、能力的提高,涉及面广、可操作性强,内容和层次可逐年逐级提升。同时可以实现信息技术教育、研究性学习、社区服务与社会实践、劳动与技术教育四大领域的融合,充分体现综合实践活动课程的精髓——整体性、实践性、开放性、生成性和自主性。可以这么说,远足主题实践活动实现了综合实践活动四大领域的最佳整合和目标的最佳达成。

多维融合绽放综合实践活动精彩

综合实践活动是学生增长知识、开阔视野、提升自主学习和实践能力的有效途径。学生从中获得成功的体验,个性得到充分张扬,反过来促使他们改变学习观念,改进学习方法,增强学习的主动性、自觉性。综合实践活动课程开发有利于教师接受新的教学思想,有利于完善教师的知识体系和推动教师能力的发展,而且加强了学校教育与社会发展需要、科技进步以及社会生活的联系。因此不论是学生还是教师,都在综合实践活动中得到多维发展。为了让综合实践活动更好地向纵深发展,学校应不断地进行调整、总结和提升,努力实现课程的有益性和有效性,使之永远充满绿色的生命力。

一、加强师资建设,促进综合实践活动发展

以人为本的真谛在于发挥人的价值,发掘人的潜能,发展人的个性。在这个呼唤创新的时代,学校管理更应当最大限度地发挥人的积极性、主动性和创造性,建设一支具有良好师德师风的教师队伍,让全体教师全心全意为党育人,为国育才,真正提高教育的实效性。

(一)完善评价机制,调动教师积极性

为更好地实现绿色管理,让学校和谐发展,建立健全完善的评价机制非常重要。可通过教代会、政务公开等一系列民主管理方法推动教师自觉树立自身形象,修炼自身道德风范,把教师群体的教育热情和创造性很好地激发出来。主要做法:由教师共同制订方案,将教师开展综合实践活动的情况列入年度考评项目。评分依据:教师是否上交了一定数量的课件,是否按学校要求指导学生开展综合实践活动。学校安排的其他综合实践活动也要进行记录、评分。此外,将综合实践活动开展的实效性列入学科带头人,市、县骨干教师评选条件中,打造名师工程。

(二)围绕校本教研,营造实施氛围,推动教师发展

在学校实施课改过程中,应适时组织教师到先进学校观摩学习,并且邀请专家来校做学术报告,以此提高教师的理论水平,就如何实施课改达成共识。提倡教师自学,引导教师树立主动学习和终身学习的意识。为教师提供发展平台:一方面,学校实施教师循环制,不设“把关教师”,学生均衡编班,不分快慢班,给每一位教师提供一个公平探究综合实践活动实施的环境。不同年级按照不同的评价标准,把师生的发展有机地在教学过程中统一起来,不断给教师压力和动力,促使其尽职尽责做好本职工作。另一方面,确立开放的、合作的教师文化。教师个人、教师集体、专业研究人员是校本教研的三个核心要素,其中教师之间的互助合作是校本教研的灵魂。为此如何发挥教研组集体的力量,引导教师在思考和探索过程中互助与合作,是今后校本教研活动的重心。充分实现教师自我反思、同伴互助、专业引领三要素的整合,形成合力,在学校建立起一种持续开展综合实践活动课程的新机制。

(三)发挥网络优势,搭建研修平台,促进教师成长

福建教育学院邹开煌教授为培养综合实践活动课程师资队伍,早在2008年就创建了基于网络环境下的协作学习平台,学校可充分利用这一研修平台把教师分为几个班进行硕士层次网络电子远程课程学习。如最早开设的《现代教育技术》课程,目的首先是提高教师现代教育技术的应用技能。因学习过程中要求查阅资料,将自己的观点通过发帖、回帖与同伴交流,这样能促使基础较差的教师求助同伴,边学边用,从而达成跟随课程成长的目的。其次是了解现代教育技术的发展过程和今后发展的方向,了解现代教育技术怎样与课程、课堂及个人的终身学习有效整合,使之真正成为今后教学的工具。不少教师经过一段时间的学习,积极性高,进步大、反映好。平台每学期都会开设课程,有条件的学校应尽快使用这一平台,将其作为课堂教学的补充和延续,同时加强学校与教师间的沟通。接下来还可以开设百草园论坛,就办学模式、发展规划等重大事项进行研讨,或就教学论文、教学案例等内容进行评价与交流。

二、突出重点,有效推进

各学校应根据课改精神和综合实践活动原理,结合学校实际,利用学校及周边

社会资源，统筹安排、整合实施各项活动，实现学校常态实施。

几年来，很多学校一直在探索综合实践活动的实施方式和有效途径，本着“以人为本”的办学宗旨，大力实施素质教育的系列活动。例如永定二中综合实践活动课程实施方案见表1-1。

表1-1 永定二中综合实践活动实施方案

年级	七年级	八年级	九年级
研究性学习（主题探究或项目设计）	1课时/周	1课时/周	1课时/周
社会实践与社会服务	1课时/周	1课时/周	1课时/周
以劳动与技术教育为主要内容	1课时/周	0.5课时/周	1课时/3周
军训	2天/学年	2天/学年	2天/学年
远足	3天/学年	2天/学年	1天/学年
体育节	2天/学年（9月下旬）（纪律、情感、环保）	2天/学年（10月上旬）（革命传统、农村研究、生存能力）	2天/学年（10月中旬）（国防教育、责任感养成）
文艺晚会	自行排练，各年段分别进行评选，被选中的节目参加演出，1天/学年（12月底）		
歌唱晚会	唱歌表演，0.5天/学年（5月初）		

（一）以研究性学习为主的综合实践活动

通过研究性学习，学生的实践能力增强了，知识面更开阔了，各种能力都得到全面的锻炼，学会如何去调查、研究，如何与他人相处、与他人合作，如何分析问题、解决问题，如何归纳总结，为将来的发展打下良好的基础。教师通过研究性学习不断成长，从中明白如何让学生学会学习，如何去研究自己工作中的问题（开展课题研究），更加了解学生，改善了师生关系。

研究性学习是基础教育课程改革的亮点，很多教师一直在探索如何取得更好的效果。信息技术教育、劳动与技术教育有专职教师，但研究性学习应该由不同专业的指导者对应不同的课题,进行更加专业、有效地指导。目前我们提倡的模式是:选择课题—课题分解—方案设计—基本技能培训—实践体验—总结交流和汇报。七年级时,可由劳动与技术教师教会学生开展综合实践活动的一些基本方法,如确定课题并进行课题分解、设计问卷调查法、撰写报告;由信息技术教师教会一些信息技术后,学生根据自己的主题找到指导教师,各教师围绕主题进行合作指导。这样既能充分利用教师的个人专业知识,又实现教师之间的交流合作,有利于课程常态运行、有效实施,效果较单个教师指导更好。

1. 选择课题:结合学校课题开展各学期的综合实践活动。在学生讨论的基础上,教师给出几个参考课题,学生也可以选择其他自己感兴趣的课题。课后每位学生选择一个研究课题,并写出选题原因。

2. 课题分解:把全班学生的课题汇总分类,相近课题合在一起。选取其中学生能做、可做、值得做的,一般外出活动两次就可完成的课题。全班分成4个课题组,每组10人,其中组长1人、副组长2人。各组自选指导教师1人(从任课教师中选取)。小组成员介绍各自的特长,共同探讨如何开展调查研究。

3. 方案设计:小组讨论确定课题名称、指导教师、组长、副组长及分工、准备事项、活动时间、活动目的、活动形式、活动过程计划、预测可能出现的问题及解决对策。撰写课题研究方案,上交指导教师。

4. 基本技能培训:活动准备课,教师要教会学生如何查阅资料(网络、书刊)、采访、调查、实验、做记录(笔记、拍照、录音、录像)、撰写调查报告。

5. 实践体验:学生自主活动,记录活动过程。注意调查的深度和广度。活动中发挥创新精神,深入体会生成自己的看法、见解。小组合作撰写调查报告。

6. 总结交流和汇报:把外出活动的过程向全班同学介绍,共享活动成果。教师点评,总结经验,优化方法。写出结题报告,制作汇报幻灯片、展板,在班级向全体同学汇报。汇报时邀请一些教师、学校领导、家长参加。汇报后进行自评、同学评价、指导教师评价、教师评价、家长评价。

(二) 以劳动与技术教育、科技创新为主的综合实践活动

各学校在劳技课中,应改变以往学种、学养的单一内容,融入时代特色,不断增加科技含量,让这门课程成为引爆学生进行创造发明活动的导火线,成为培养学生实践能力、创新精神的训练场。在培养学生的劳动意识和劳动技能的前提下,下大力气培养学生的创新意识和创新能力。

例如2005年暑假期间永定二中派出教师到龙岩学院物机院进行为期两个月的培训,培训内容为物理趣味实验和科技小制作,包括蜡烛跷跷板、魔丸、微小形变实验、看不见的魔力、水顶球、水火箭、喷气的火箭模型、小火炮、静电电动机、小丑照镜子、电磁炮、最简单的电动机模型、魔罐、自制温度计、风信旗、土豆走迷宫、走马灯、自动浇花器、会唱歌说话的饼干筒、九龙杯、有趣的小喷泉等。新学期开学,他们根据培训内容制订了劳技课程中的小制作内容,并且在课堂教学中教会学生,让学生的动手能力得到发展和锻炼,学生有很大的兴趣。这番实践,取得了可喜成绩:

学生参加“第二十一届福建省青少年科技创新大赛”,科幻画“宇宙CT机”“种植自己”和科技项目“用电子计算器制作长度测量仪”荣获省二等奖,科技项目“鞋不离足——擦鞋机”荣获省三等奖。

学生参加“第二十二届福建省青少年科技创新大赛”,科技项目“家庭节水装置”和科技实践活动“农村医疗情况调查”荣获省三等奖。

(三)与各学科有机融合的综合实践活动

围绕学科开展综合实践活动使学科任课教师较容易施展能力,会有更高的积极性和更强的指导力,并且较有成就感。所以挖掘与学科相合的综合实践活动意义很大。

比如语文学科结合课题“综合实践活动与传统文化”开展教学观摩并进行案例分析,布置综合实践活动课题,每位语文教师选择一个课题进行研究。政治学科将综合实践活动与初中思想品德课堂有机结合,培养学生的实践动手能力,把思想品德教育真正落到实处。

(四)挖掘体育活动内涵,创新综合实践活动模式

各学校每年可举办一次体育周活动,设有田径类、球类、棋类、表演类4大类80多个项目,由学生自由选择,每人至少参加一个项目。比赛过程分为各班初赛、年段复赛、全校决赛。初赛由学生自己组织,利用课余时间或课外活动时间进行,有些项目可利用体育课进行,教师给予指导。学年初学校向全体师生征集比赛项目,只要师生想得到的、条件可行的,就予以采纳,例如象棋、跳棋、五子棋。体育周活动参与人数多、持续时间长、项目丰富多样,得到社会各界的充分肯定和赞扬。

永定二中通过举办几届体育周活动,积累了许多可行的做法,有效地培养了学

生自觉锻炼意识,把学校的体育工作推上一个新台阶,为各类体育苗子提供了施展才能的舞台。从2005年秋季开始学校的体育周初赛、决赛均由学生自己组织,自己裁判。开学初体育教师先进行分工,负责各个项目的学生裁判员培训。整个体育周结束时,约有三分之二的学生当过裁判员。活动的工作人员、保卫人员均由学生担任,班主任带队。体育周期间,除班主任外,只有部分行政、体育教师参与管理,起到协调指导作用。这项活动不仅让学生掌握体育知识,感受体育品德(公平、公正、公开),而且加强了团队精神,增进了同学间的友谊。同时,培养了学生组织、操作能力和胆识,提高了基本素养,实现了体育、文艺水平的整体提高。很多学生在高中阶段担任学生会干部时充分展现了自己能力的提升,大学生活也受益于此。永定二中因此获得了"龙岩市全民健身活动先进单位"荣誉称号,学校考上重点中学的体育特长生人数位居全县之首。

十年树木,百年树人。提高教育质量任重道远,随着课程改革进程的不断推进、新的课程理念不断落实,有专家的引领、全体师生的共同努力和紧密合作,综合实践活动课程必将绽放出更加绚丽多彩的花朵——综合实践活动必将永远充满着绿色的生命力!

远足——知行合一的德育实践活动

以往的德育教学，教师把德育内容传授给学生，教师是德育信息传导的主体，学生处于接受信息的客体状态，很难产生学习的主动性。学生只知道德育的内容，却不知道为什么要这样做，造成“知”“行”脱节现象，无法达到德育的实效。中共中央、国务院《关于进一步加强和改进未成年人思想道德建设的若干意见》指出：加强和改进未成年人思想道德建设要坚持知与行相统一的原则，既要重视课堂教育，更要注重实践教育、体验教育、养成教育，注重自觉实践、自主参与，引导未成年人在学习道德知识的同时，自觉遵循道德规范。德育工作要有实效，必须回归到生活中，在生活体验中养成。而远足主题实践活动就提供了德育工作的平台。

为推进基础教育课程改革，永定二中从2005年起以远足主题实践活动作为推行综合实践活动的一项课程。在该活动中不同年级有不同活动地点和主题。如七年级的活动安排为：军训两天后，第3天早上7:30分从学校整队出发，步行12.8千米，到宿营地西溪乡双桥农场开展课题研究。下午3:00给每位学生下发10元，10人一组，寻找农家买菜做饭。篝火晚会后在帐篷里休息一晚，第4天沿原路步行返回学校。远足主题实践活动为学生放下书本、走出校门，尝试独立走进丰富多彩的生活搭建了一个良好的平台，也成为学生通过在活动中体验、感受从而获得德育观念的基地。

一、远足主题实践活动唤醒学生的自主意识

以往的德育教学活动形式单一，课堂以教师为活动主体，学生处于听课、接受知识的被动地位。远足主题实践活动让学生以独立自主的主人翁姿态走进生活的大课堂，在其中体验、品味德育的内涵。

插秧的体验

我们的课题是“水稻种植情况调查”。现在正是春耕农忙季节，采访活动都是

在田间进行的。看到整齐划一的水田和绿油油的秧苗，我们也想试一试插秧。征得农民伯伯同意后，我们一行三人下水田插秧。手拿秧苗，弯着腰，坚持了一会儿，只觉得腰酸背痛。太阳一晒，脸上直冒热汗，嘴巴干渴。可再看看自己插的秧苗，行距不同，深浅不一，歪歪斜斜，不但没插好，还破坏了平整的水田，到处留下我们乱踩的脚印。农民伯伯只好赶紧让我们上去休息。今天短短的40分钟，我们算是彻底体会了"锄禾日当午，汗滴禾下土。谁知盘中餐，粒粒皆辛苦"的滋味，粮食真是来之不易。

（王丽芳）

以往德育课堂以灌输式为主，收效甚微。让城里长大的孩子参与水稻种植的过程，通过活动深刻体会劳动的艰辛和粮食来之不易，这不是简单的认知过程，而是学生的主动发现和感悟。这一过程已上升到学生自觉地理解道德观念，提高道德认知的水平。

二、远足主题实践活动提升学生对道德的认识

以往的德育总是试图以"应该怎样""必须怎样"的语句规范我们的学生，学生或是反抗，或是扭曲自己、讲违心的话，或是出于对权威的恐惧而木然地接受。总之，这些都无法转化为学生对道德的正面认识。德育应引导学生自己去获得生活的意义和生活价值的真谛。

寻找农家做饭

下午三点，教师给每个学生发了10元，10人一组采购食材，寻找落脚的农家制作晚餐。同学们碰到的棘手问题是：不会用农家的土灶，火燃不起来；买的活鸡、活鸭不会宰杀；买了菜不知如何搭配。这些问题都要靠自己去解决。通过这次活动，同学们体会到平日生活中父母的辛劳，懂得了要关心家人、分担家务，尽一份家庭责任。

（巫冬霞）

远足主题实践活动强调学生的亲身体验，只有通过体验才会有感受，进而形成观念。观念一旦形成，会内化为自我教育、自我行动，形成知行统一的思想道德品质。将德育教学导向生活化、开放性，让课堂走向家庭、社区，走向学生能接触到的生活的方方面面，让学生在生活中实践、体验、感受，在感受中内化而外显为行动，于生活体验中达到养成教育，这无疑是德育教学的目的。

三、远足主题实践活动实现德育的实效性

学生是作为现实生活中的人进入德育环境中的。学生会凭着自己已有的生活经验去体验、消化、吸收各种道德思想，并转化为内在的思想道德品质。德育如果没有生活的整合内化，而只是作为单纯的、僵化的信息储存于人的记忆之中，那么，这种德育是不能打动学生心弦的。德育只有通过生活才能焕发出力量，而成为真正意义上的德育。

远足路上

步行前往露营地时，同学们很兴奋，一路欢歌笑语，不知不觉就到达了目的地。第二天沿原路返回行进到一半路程时，九月初骄阳似火，几天的疲劳一同袭来，我觉得腿像灌了铅一样沉重，步履维艰。有些同学气喘吁吁，直冒虚汗，支持不住，只好乘车返校。我发现班上有四五个女生，一路上不叫一声累，也不用老师、同学搀扶，坚持走完全程。有些同学回到家中，才发现脚上磨起了几个水泡。

生活中的考验无时不在。步行来回20多千米对从小生活在城市里的同学们来说是个巨大的考验。通过这次活动，同学们主动承担一些苦差事，体验了艰辛，培养了坚强意志，为在今后的学习中战胜困难、顽强拼搏，争取好的成绩做了一次思想上的洗礼。我还发现，一路走完全程没叫一声苦和累，也不需要老师搀扶的同学，平时学习都很主动，意志力较强，成绩良好。

（林强华）

四、远足主题实践活动成为传承红色文化重要载体

西溪乡是永定著名的革命根据地，1928年成立苏维埃政权。1935年，闽西南军政委员会在西溪四联村的赤寨成立。1937年，闽粤边区党委、党校、兵工厂、医院等设在西溪肖地村的芹菜洋。西溪不仅是张鼎丞、邓子恢等老一辈革命家长期活动的地方，也是六七十年代厦门知青响应国家号召上山下乡所建的西溪农场所在地，具有丰富的红色文化资源。金砂镇是福建省第一支红军部队成立及溪南区苏维埃政府成立旧址，“永定暴动”的发生地，拥有极为宝贵的红色文化资源。

结合闽西红色文化开展的远足主题实践活动成效显著。学生通过缅怀先烈、查阅资料、参观访问、考察探究等活动，传承红色文化，弘扬革命精神。

比如学生到金砂镇通过参观张鼎丞纪念馆，聆听《一段残墙，一座丰碑》的故事，学习张老甘为人民公仆的高尚品德，以及了解“永定暴动”和少年英雄张锦辉的

故事,感受幸福生活来之不易,激发爱党爱国爱乡的情怀,培养“听党话、跟党走”的理想信念,树立社会主义核心价值观,让红色基因代代传承,为实现中华民族伟大复兴汲取精神力量。

中央红色交通线上的故事

我们小组的课题是“探究中央红色交通线上交通员的选配要求”。远足队伍到达中央红色交通线纪念馆时,我们聆听了中央红色交通线上的传奇故事《一盏灯,三块银元,七位烈士》《热血浇灌的红色血脉》《卢伟良巧运500大洋》《熊志华巧送电台》《周恩来三次脱险》,大家情不自禁流下了眼泪,充分感受到无数交通员用坚定的理想信念,用忠诚与担当铸就了中央红色交通线。场馆负责人唱的《党是青山民是水,青山恋水水恋山》,也深深打动了我们,组员们都想传唱这首歌曲。

党是青山民是水,青山恋水水恋山,
青山巍巍水弯弯,山山水水紧相连。
党是青山民是水,青山恋水水恋山。
山重水绕路儿长,红色交通一线穿。
先辈创业多险阻,后生饮水要思源。

为了进一步了解永定大站在中央红色交通线中的地位与作用,认识中央红色交通线的作用,我们组下一步想前往中央红色交通线闽西(永定)交通大站——永昌楼参观学习。

(严国平)

远足主题实践活动让学生由亲历而感悟、而获得,学生在活动中全身心投入,包括肢体、五官、情感、意志等身体、非身体的参与。如步行回校途中,先是肢体的疲劳感,接着唤起情感等一系列心理活动。有些学生默默给自己心理暗示:“我能行! 我一定要坚持走下去!”这样的心理活动是发自学生内心的,是从学生的生活体验中总结出来的。这种来自实践的体验认识将会自然而然外显为行动,在以后学习生活中体现出来,在知行合一上,实现德育的有效性。

总之,远足主题实践活动锻炼了学生的毅力,磨炼了学生的意志,帮助学生战胜惰性和娇气。活动注重学生的自我探究、自我发展、自我完善、自我教育,真正发挥学生的主体性,完善学生的道德观念,是具有实效性的德育。

融合与创新展示校园文化建设新魅力

综合实践活动课程的实施伴随着课程改革的启动至今,各地累积了大量的综合实践活动案例。永定二中远足主题实践活动就是其中一个整合四大领域的典型案例:以远足为载体,以国防教育、传统文化教育、三农考察调研、生存能力挑战、多媒体作品制作等为活动主要内容,实现四大领域的最佳整合,构建德育、传统文化与综合实践活动相结合的校园文化建设。

一、综合实践活动成为校园文化建设的一道亮丽风景

永定二中通过连续多年的远足主题实践活动,内容不断丰富,经验不断积累,评价不断完善,学生的综合素质不断提高。由远足主题实践活动产生的效应越来越大:类似远足主题实践活动的案例越来越多;学生的自主性越来越强,自2006年起的校运动会基本全由学生组织开展;学生综合素质提高,在全市性的各类竞赛中获奖人数越来越多;升入高中的学生,许多都担任了学生干部;综合实践活动先进理念正在改变着教师的教育观念,影响其他学科的教学。

2006年4月,永定二中作为全国综合实践活动实验学校优秀案例制作的代表,前往北京参加全国教育科学“十五”规划教育部重点课题“综合实践活动及其师资建设”的结题会,并发言。永定二中综合实践活动课程实施常态化的做法得到专家的充分肯定,开展以“四大领域整合课程资源的开发与利用”为主题、以远足为载体的实践活动被评为最佳案例,制作的远足视频案例被评为全国一等奖。同年5月,在福州召开的全国课改实验区综合实践活动第四次研讨会上,会务组还特别安排了当时的永安二中校长阙锦章作为初中实施综合实践活动课程常态化的学校代表做介绍,永定二中的远足视频案例及学校的综合实践活动常态化实施情况得到与会领导、专家和同行的充分肯定。作为福建省示范性初级中学,永定二中始终以学

生发展为本，积极实践、努力探索，让综合实践活动课程常态化实施，充分发挥了它的示范辐射作用，成为落实新课程改革的典范。

二、彰显立德树人的校园文化正在形成

学校领导高度重视，严格开展国家课程，把综合实践活动课程纳入学校规范化、制度化管理。

（一）明确目标，凸显立德树人

自学校创办伊始，永定二中领导就高度重视学生的未来发展，积极倡导“自主、合作、探究”的学习方式，始终把全面实施素质教育和学生的未来发展放在首位。在实施素质教育方面，特别是在综合实践活动课程实施方面成绩突出。学校通过远足主题实践活动，达成了以下德育目标：

1. 获得对自然、社会和自我内在联系的整体认识与体验，发展创新能力、实践能力以及良好的个性品质。

2. 培养爱乡爱国情怀、吃苦耐劳的品格、集体主义精神和社会责任感。

3. 感受农村生活，了解农村实情，考察三农问题，关注农村发展。

4. 通过研究性学习，获得亲身参与探究活动的积极体验，掌握调查访问、统计分析、处理数据、撰写调查报告等的基本方法。

5. 培养团结合作、互帮互助的精神，学会分享，学会为人处世、与人沟通。

6. 通过参观、考察革命圣地以及入团宣誓等活动，进行革命传统教育，有机整合德育教育、团队活动，提高实效性。

7. 通过成果交流汇报，制作电子作品，提高信息技术应用能力和水平。

（二）强化管理，落实课程实施

加强学校对综合实践活动课程的管理和领导，建立健全实施综合实践活动课程的各项规章制度，开发和利用综合实践活动课程资源。

1. 开足开齐课程：从2003秋开始，学校每周开展三课时的综合实践活动，其中研究性学习1课时、劳动与技术教育1课时、信息技术教育1课时。同时，学校还统一安排每学期至少开展一周形式多样、全校性的综合实践活动，从而为学生开展实践活动提供了有力的保障。

2. 成立机构，明确职责：成立领导小组，由校长担任组长，分管教学的副校长任

副组长，小组成员由教务处、政教处、团委书记、年段长和综合实践教研组组长担任。制订《永定二中综合实践活动课程领导小组工作职责》《综合实践教研组职责》。

3. 健全各项管理制度：把研究性学习列入教师年度考核、职务评聘中的课外活动项目量化计分，把参加综合实践活动学习培训列入教师考核中继续教育量化计分，把参加综合实践活动各项评比活动成绩列入指导学生获奖和教育业务竞赛量化计分。

4. 开发综合实践活动课程资源：作为一门实践性和综合性很强的课程，强调学生亲身经历和主动参与，对资源开发和利用有其特殊的要求和意义。作为客家聚居地、革命老区，永定区课程资源十分丰富，如客家土楼、民俗、楹联、红柿、永定菜干、中央红色交通线、金砂暴动等，丰富的课程资源为学校开展综合实践活动提供了有利条件。

三、打造传统文化浓厚的校园文化

在远足主题实践活动中，所开发的系列课程以及丰富的探究活动，让学生对红色文化、客家文化等有了深层次的认识，学校也据此有针对性地建设校园文化。

（一）创建以革命传统为主线的校园文化氛围

永定二中积极挖掘、研究、归纳、整理闽西革命老区的“红土书香”资源，创建浓厚的革命传统文化氛围来陶冶学生情操，培养学生健全人格，弘扬社会主义核心价值观。

1. 构建“红土书香”校园环境

在校园建设具有红色文化和客家文化气息的传统文化展示墙、展示长廊、楼道、橱窗、展厅、读书亭，让学生在演出照片、师生文章和书画作品中受到“红土书香”校园文化的熏陶。

2. 开展与“红土书香”校园文化相关的综合实践活动

远足主题实践活动，让学生带着课题有目的、循序渐进地开展探究活动，如走进红土地金砂，学生开展的课题研究有：红土地英雄人物寻迹（如老一辈革命家张鼎丞、“红色小歌仙”张锦辉等）、红土地上红歌颂、金砂农村教育观、红色儿女就读路探访、革命旧址文物保护、烈士后代生活调查、探究红土地上的民风民俗、走进金砂暴动、红土金砂“闽西八大干”之“永定菜干”制作探研、探访金砂三农今昔变化、金砂红色旅游资源整合、金谷寺飘出的红色山歌……让学生在活动中受到“爱祖国、爱家乡”红色文化的熏陶,在实践中培养了学生的动手能力。

3. 开展一系列红土书香校园活动

开展创建“红土书香”班级活动,组织学生开展以“保护红色文化遗产,传承人类文明”为主题的征文、演讲、书画、手抄报评比和知识竞赛活动,评选“红土书香”少年、“红土书香”班级之星和校园文明之星,所有活动的获奖学生都会获得奖状或证书,由教师在班级里公布后收入成长记录袋。这些活动为学生的快乐成长建立坚实的基础。

(二)挖掘永定土楼的文化内涵,弘扬客家精神

永定是闻名遐迩的“土楼之乡”“客家土楼王国”。土楼充分体现客家人的集体力量与高超智慧,同时也闪耀着中华民族优秀传统文化的光彩,它是山坳里的神秘家园,是一部永远读不完的百科全书。围绕着践行社会主义核心价值观,弘扬客家文化,我们组织开展了一系列活动。

1. 围绕“客家土楼文化之旅”开展综合实践活动

每班设定几个课题小组,在指导教师的带领下,通过资料的收集、整理、分析、归纳,充分了解客家土楼文化及风土人情,把自己对客家土楼文化的了解通过小论文、演讲稿、多媒体课件等形式展示出来。学生研究的课题有:(1)土楼的楹联文化(包括家训、对联的思想内容、艺术特色等)。(2)土楼楼名探究(楼名及寓意)。(3)土楼人物春秋(包括创建者及名人逸事、传奇人物故事等)。(4)土楼建筑特色(包括土楼的建筑材料、外形特征、结构、功能、内涵)。(5)土楼美食文化(包括品种、制作方法及寓意)。(6)土楼的节日文化。(7)土楼民间艺术(包括土楼童谣、山歌、民间器乐、木偶戏、歇后语、谚语、俗语的内容及思想内涵)。(8)土楼的历史(了解客家人的祖先及客家人几次迁徙的原因、客家土楼的产生等)。让学生全面、直观了解客家土楼文化及风土人情,感悟土楼建筑的思想内涵和深厚的文化底蕴,深刻理解“坚韧不拔、艰苦创业、刻苦耐劳、勤俭耕读、开拓进取、奋发拼搏、爱国爱乡、团结互助、崇文重教、敬祖睦宗”的客家精神,进而在生活中践行“爱国、敬业、诚信、友善”的社会主义核心价值观。

2. 设立永定二中客家土楼文化民俗节

在这天开展民俗活动,内容有:吟诵土楼童谣、风俗表演、土楼楹联擂台赛、唱客家山歌比赛,让学生在活动中感受客家传统文化的内涵。

3. 组织编写客家文化校本教材

教材内容包含《走进文化内涵丰富的永定土楼》《永定民俗风情》《客家美德故事》《土楼童谣》《我们的远足故事》等文集。

4. 举办主题文艺晚会

结合客家人文历史、客家风俗习惯、客家山歌舞蹈，编导“弘扬客家精神，传承土楼文化”主题文艺晚会，并让这台晚会走进社区，为构建和谐社区做贡献。

四、形成德育、传统文化和综合实践活动融合与创新的校园文化

通过对德育、传统文化和综合实践活动的实践探索，学校逐渐注重将这三方面进行整合，突出开展以传统文化为主线的德育主题实践活动，形成了校园文化建设的特色。

（一）学生的综合素质不断提升

全校各班级每周1课时学习信息技术基础知识。要求学生在综合实践活动中能通过上网查找资料，用电脑分析处理信息，用PPT展示研究成果。在远足主题实践活动中，具体需要：查找军事常识、防病治病常识、气象信息，以及外出安全注意事项及处理应急措施的有关资料；预测活动中可能出现的问题及处理方案；进行烹饪技术培训，每人学会做一样菜；进行摄影技术培训，学会拍摄照片和录制视频，记录活动过程、展示活动成果；进行综合实践活动基础知识、基本方法培训，充分培养学生的探究能力、科学精神。

通过综合实践活动，学生学会关心他人、理解他人、尊重他人；学会学习，增长知识，开阔视野；创新能力、合作交流、探究能力不断增强；个性得到充分的张扬，特长得到充分展示。

（二）统筹规划成为校园文化建设的重要内容

2005—2012年，学校行政领导、教师在完善远足主题实践活动方案过程中，不断提升统筹规划能力，确定了相应的课程设置方案，如：七年级的西溪方案、八年级的金砂方案、九年级的土楼方案，形成较完整的课程体系，完善了管理环节，建立了科学的评价管理机制。这些都是综合实践活动课程得以顺利进行的有力保障。此外，还要做好以下几点：

1. 与学科结合的探索

综合实践活动涉及的知识面广，与各学科有密切的联系，特别是研究性学习改变了学生的学习方式，对学生的终身学习起到决定性作用。学生体会最深的是写作能力提高了。通过综合实践活动，把实践过程记录下来就是一篇很好的文章，使学生深刻体会到作文源于生活。教师在综合实践活动中把各学科的知识应用结合起来。在学科教学中，把学科知识延伸到综合实践活动中，从而增强了学生学习各学科的兴趣，提高了分析问题、解决问题的能力，使综合实践活动与各学科相互促进，相得益彰。

2. 四大领域的融合探究

在课改初期，学校主要以研究性学习作为突破口，实施以问题探究为主题的实践活动。经过实践探索和专家的指导，逐步把综合实践活动的四大领域融合在一起，在远足主题实践活动中表现得最为突出。

3. 与科技创新结合的探索

把综合实践活动与科技创新相结合，尝试每周每班开设一节劳动与技术课，将以往学种植、养殖的内容改变为小制作，在劳动与技术课中融入时代特色，不断增加科技含量，让这门课程成为引爆学生进行创造发明活动的导火线，成为培养学生实践能力创新精神的训练场。以发明创造为龙头，以金工、木工、电工为基础，兼及摄影、服装设计等其他项目，在面向全体学生的同时，充分提供让拔尖学生脱颖而出的机会，在培养学生劳动意识和技能的前提下，力求培养学生的创新意识和创新能力。

4. 综合实践活动与学校各项活动整合实施

综合实践活动有研究性学习、社区服务与社会实践、劳动与技术教育、信息技术教育四大指定领域和非指定领域，如班团队活动、传统的科技节、体育节、艺术节、文化节、生态环保教育与日常行为养成。它以学生个人生活经历和体验为活动过程，不能按领域分别实施，应尽量将几大领域整合在实施过程中。我们一般以社区服务与社会实践、劳动与技术、品德与社会等领域中某些学生身边发生的事为载体，利用研究性学习的理念为活动方法，以信息技术为工具，把它们整合在同一活动过程中。活动中注意引导学生全员参与，并关注学生的情感体验，做好活动的小结、评比和展示。活动前有无认真准备好各项计划和活动后有无小结、评比、展示，是区别综合实践活动和以前的日常活动的重要标志。

用研究性学习的方法规划整个活动过程，用信息技术查找相关知识，记录活动过程并用多媒体技术总结、展示活动成果，是整合各领域实施综合实践活动的重要方法。

五、以远足为载体的德育、传统文化和综合实践活动融合与创新活动的思考

远足主题实践活动中的考察探究，让有些教师感到茫然，无从下手。为确保能全面、常态、高效实施综合实践活动，必须做好以下几方面工作：

（一）学校必须全面规划。通过学校的整体规划，校长高度重视，成立有效的领导机构、组织教师学习活动、制订科学评价制度，形成符合年段特点的分目标体系和实施方案。做好前期的准备工作和后期的总结工作非常重要。

（二）做好宣传发动工作。长期以来受应试教育观念的影响，部分家长只重视学生的学业成绩，不理解这类社会实践活动的价值与意义，有的甚至认为是不务正业。学校要做好宣传发动工作，取得家长的认可与支持。

（三）提高指导能力。由于综合实践活动涉及的领域广、牵涉的知识面大，教师和学生都缺少经验，指导教师有可能不能满足学生的实际操作指导要求。如果在活动前多增加一些调查方法的指导，综合实践活动的实施效果还会上一个层次。

（四）进行视频拍摄、制作培训。视频的拍摄与制作有一定的技术要求，需要在活动前进行专门的培训。

（五）改变评价方式。学生综合实践活动的评价应以活动目标为依据，而不能简单地以分数衡量，鉴于活动评价标准暂无可借鉴的做法，是否达到活动目标宜以给予描述性的评价为佳。

此外，还要考虑学生的活动方式和教师的教研方式。

区域推进篇

2012年，笔者调入龙岩市普通教育教学研究室（现在的市教科院），担任市综合实践活动教研员。基于此前8年组织远足主题实践活动的经历，充分感受到德育、传统文化和综合实践活动融合实施的育人价值，觉得有必要进一步加强实践探索。但是，通过调研发现，综合实践活动课程的大环境不容乐观。综合实践活动课程是国家设置、地方管理、学校开发的课程，是国家规定的必修课程。学校开发水平参差不齐，地方管理实际困难较多。

因此，我们采取“一点、两线、四面”的“点线面”联合驱动的区域推进模式，以龙岩市整体作为一个区域，全面推进综合实践活动课程常态实施的实践探索。通过组织课题研究团队，开展市级课题“高中研究性学习常态实施的研究”“初中学生研究性学习领域基本规范实施研究”和福建省教育科学规划办2014年度规划课题“义务教育阶段综合实践活动课程质量标准及评估研究”；以“三级”培训为主、送教下乡为辅，建设师资队伍；重抓制度建设、发挥学科组、教育学会综合实践活动专业委员会的作用，采取以赛促研、联动教研、专题教研等方式推动形成教研合力；提高开发课程资源的能力，探索综合实践活动与德育主题实践活动融合实施的模式。

经过本阶段实践，综合实践活动课程管理更具实效，形成了义务教育阶段综合实践活动课程资源开发利用的有效模式和典型案例，总结了研究性学习的教师指导内容，构建了研究性学习的评价体系，探索了研究性学习的规划管理，建设了研究性学习教师队伍。也通过团队的努力，龙岩市“区域推进综合实践活动课程实施的研究与实践”获得福建省教学成果奖。

本篇重点介绍在区域推进综合实践活动方面的理论研究成果、提出的实施策略、组织的说课活动、进行的评价研究，及探索如何利用本土文化的德育资源开展综合实践活动，以期获得更多德育、传统文化、综合实践活动融合与创新模式的操作经验。

常态化有效实施综合实践活动课程策略

综合实践活动是我国《基础教育课程改革纲要(试行)》规定的一门必修课程。从 2002 年 3 月综合实践活动课程在龙岩市部分地区率先实施以来,集中体现了课程改革的基本理念和核心目标,并且其显著作用已得到广泛认可。研究性学习既是课改的亮点,也是综合实践活动课程实施的难点。综合实践活动课程的常态化有效实施状况,直接反映了课程改革的成效。

一、中小学综合实践活动课程实施的主要问题

综合实践活动有一定的特殊性,虽然是必修课程,但国家只规定了课程名称、内容指向和课时比例,具体选择哪些内容,怎么开课,没有规定,而且它不以科目或学科的形式来组织,在具体实施中存在很多问题:

(一) 组织实施没有全面铺开

一些地区有实施方案,但可操作性不强。一些地区至今未予实施,即使已实施的地区,许多也都停留在分科设课中。综合实践活动课程实际仍处于无标准、无教材、无专业教师的“三无”局面。从总体上说综合实践活动课程仅仅停留在部分学校、部分班级中开设,停留在公开课和观摩课层面上,还没有真正意义上的规模推进。

(二) 管理上没有采取相应的措施

一是各地各校没有制订相关督导条例,或者有督导但缺乏跟进的措施,未能确保综合实践活动课程的落实。由于没有实施方案,没有开展的具体指导意见,只能靠学校、教师尝试摸索,难以实现常态实施。二是没有形成综合实践活动职称系列。虽然各地陆续评审通过了综合实践活动中、高级职称,但是宣传力度不够,其他学科拟转行担任综合实践活动课程的教师有顾虑,造成很多学校即使有富余教

师也没人愿意担任综合实践活动的专职教师。

（三）教师队伍有待加强

这门课程毕竟还是一门新兴的课程，其师资培养的机制还没有很好建立起来，队伍的建设和师资素质的提高成为综合实践活动课程实施迫在眉睫的问题。

首先，高等院校尤其是高等师范院校没有开设独立的综合实践活动专业及课程，专业设置和课程开设明显滞后，导致新教师普遍存在综合实践活动理念盲点。虽然高等院校不断为中小学输送信息技术专业教师，大部分中小学校信息技术课程开设也较为正常，但信息技术教育只是综合实践活动课程中的一个领域，并不能代表综合实践活动课程的全部。

其次，各市、县没有配备专职的综合实践活动教研员，大部分教研员是兼职的。有些教研员因为多年来没有相关任务，或没有开展系列活动，已经停止本项工作。所以区域内中小学综合实践活动课程实施的指导、培训、检查等工作难以保证，综合实践活动课程规范化、常态化实施也就难以达成。

其三，中小学基本上都没有配备专职的综合实践活动教师，不少学校是让学科教师或难以胜任学科教学的教师兼任综合实践活动教师，影响了整体师资水平。

（四）没有形成规范的评价体系

课程改革初期，一些学校对学生在综合实践活动中的表现进行相应的阶段性评价，但是不做升学要求，操作过于复杂，而现在对学生的评价又过于随意、简单。有些学校对教师参与综合实践活动指导的情况进行评价，并将评价分值统一纳入教师的年度考核评价，但评聘制度未及时调整。同时教育主管部门没有推动学校建立实施综合实践活动课程的评价体系。

二、构建常态、有效实施的综合实践活动课程

综合实践活动课程的有效实施涉及方方面面，诸如保障机制、课程资源、师资水平、教学方法、教学评价和管理指导等等。为了课程的有效实施，必须对诸多因素进行深入的研究，充分发挥各项因素的综合作用。

（一）建立健全相关制度，提供课程有效实施保障

综合实践活动是国家课程，仅靠校长和教师个人的积极性来维持非常困难。

作为必修课程，综合实践活动要像其他学科课程那样常规实施，走常态运行之路，必须制定必要的政策和制度，形成良好的激励机制。

1. 加强督导与常规检查并举。根据国家和省教育厅开齐开足国家课程的要求，营造综合实践活动课程全面发展的新局面。教育主管部门要将该项工作认真布置，统一认识，将课程开设情况列入对学校的综合考评。各级教研机构不定期深入学校，对综合实践活动的实施方案、教师教案、学生主题方案设计、学生参与活动的过程材料、结题报告、心得体会进行抽查，做到清晰了解各校实施情况。

2. 健全综合实践活动职称系列，在岗位设置上有所倾斜，对转岗教师的职称评聘等方面一视同仁。

3. 由于综合实践活动课程的特殊性，所有教师都应承担该课程的指导任务，在相当一段时间内，指导经历列为教师晋升职称的必备条件之一。

（二）扎实推进、规范实施，实现课程的有效运作

省教育厅要求全省各中小学校必须将综合实践活动纳入学校课程计划，切实纠正综合实践活动流于形式的现象。

1. 各县市区均需配备专（兼）职综合实践活动教研员，负责区域内中小学综合实践活动课程实施的指导、培训、检查等工作，确保综合实践活动课程规范化、常态化实施。

2. 学校要鼓励教师任教或转岗任教综合实践活动课程，协助学校制订全校综合实践活动实施计划，组织、指导、参与实施及开展教研活动。

3. 市县两级要有计划地开展综合实践活动师资队伍培训，开设综合实践活动课程骨干教师研修班，促进教师观念转变，提高教师实施综合实践活动课程的能力。

4. 为推进教师队伍建设，省级教研机构组织综合实践活动课程骨干教师培训，市级教研机构加强对专职教师进行培训。培训双师型教师专职任教综合实践活动，创新教师培训渠道，重点解决师资问题。建议在师范院校开设必修或选修课程，培养双师型教师专职任教综合实践活动，解决该课程的后续师资问题，为今后该项工作的推进打下基础。

5. 专职教师对学校的综合实践活动进行整体规划，每周安排一课时开展研究性学习的方法指导，对本校综合实践活动兼职教师进行培训。县教研员在区域内组织专（兼）职教师培训体系，努力营造综合实践活动课程开设的新局面。

(三)构建科学评价体系,促进师生开拓创新

对于综合实践活动课程的教学评价,需要制订更加科学合理、便于操作的评价方案,既能客观合理考核教师的教学业绩,又能激励他们不断开拓创新。综合实践活动课程专职教师负责全校综合实践活动的规划、对兼职教师的培训指导,工作量大且能够有效促进学校发展者,可担任综合实践活动课程教研组长,考虑享受相应行政待遇或等同于班主任。

学校要对学生综合实践活动的成果进行评比。中小学各年段学生发展水平不同,对活动的内容、形式、方法、目标等的要求亦有差别,因此对学生的评价要有所不同。例如:小学低年级学生活动以兴趣为中心,以游戏为主要形式;中年级学生以简单的设计与制作活动为重点,兼及其他活动类型,初步培养实践和探究的意识;高年级学生要逐步加强科学方法的训练,在熟练掌握简单劳动工具的基础上,初步将科学和技术结合起来,培养利用知识和经验解决实际问题的基础能力。初中生的探究性活动要求逐步融入学科性内容和规范化的研究方法,到高中阶段再要求学生做完整的研究性课题。

(四)广泛开发课程资源,构建特色综合实践活动

各校要结合学校课程资源和社会课程资源,充分挖掘地方资源,突出地方特色。同时,要关注相关的人力资源,注重整合班团队活动、学校传统活动(科技节、体育节、运动会、艺术节等),形成良性互动机制。

总之,加强对学校开展综合实践活动课程的指导和培训,努力在实践中发现和培育教师,挖掘学校和区域先进典型的经验,发挥他们的辐射和带动作用,采用“理念先行,案例跟进,典型引路,滚动发展,区域推进”的办法,逐步推动综合实践活动课程广泛深入地开展。

巧用本土资源丰富综合实践活动

陶行知先生提出“生活即教育”“社会即学校”。社会是一部永远读不完的教科书，是开发综合实践活动课程的资源库。《中小学综合实践活动课程指导纲要》指出，中小学校应对综合实践活动课程进行整体设计，将办学理念、办学特色、培养目标、教育内容等融入其中，要依据学生发展状况、学校特色、可利用的社区资源，对综合实践活动课程进行统筹考虑，形成综合实践活动课程总体实施方案。这就需要各学校充分挖掘当地资源，通过利用这些反映自然和人文特色的乡土资源，引领学生积极走出课堂，走进社区、走进乡村、走进广阔的自然和社会生活当中。如何运用本土资源开展研究性学习是一个现实问题，值得我们深入思考。

一、立足本土是开展研究性学习的突破口

研究性学习要求学生基于自身兴趣，在教师指导下，从自然、社会和学生自身生活中选择和确定研究课题，主动地获取知识、应用知识和解决问题。但是，很多教师在指导研究性学习时，常常觉得无从下手。原因是目前的综合实践活动只有指导纲要而无现成教材，只有教学范畴而无具体内容。本土资源与学生的生活密切相关，特别是龙岩拥有丰富的地方资源：闽西是客家人的聚集地和发祥地之一，有着浓厚的客家文化；龙岩还有台湾农民创业园、永福花香飘四海、秀美的冠豸山自然风光、世界文化遗产——福建土楼，又是福建省重点侨区、林区、矿区和旅游区，全国著名的革命老区，是中央苏区重要组成部分，是红军长征的出发地之一，是毛泽东思想的发祥地，是“红军故乡、红色的土地、红旗不倒的地方”。如果我们能够充分利用这些资源，将有利于学生开展研究性学习，从而真正实现走进自然、走进社会，发展自我。可以说立足本土是开展研究性学习的突破口。

二、利用本土资源有效开展研究性学习

提高研究性学习的有效性,首先必须要充分挖掘闽西所独具的本土资源,无论是哪一方面的本土资源,只要开发得当,都能成为研究性学习的有效资源,成为学校开展研究性学习的特色之路。下面谈谈如何利用本土资源开展研究性学习。

(一)收集、了解本土资源,做好实施准备

首先要组织教师对本土资源进行充分了解,做好开展研究性学习的思想准备,开展宣传发动工作,统一认识。建立领导、研究、管理、实施的队伍,采用形式多样的培训方法促进教师指导能力的提高。确定研究性学习的主题方案,制订好学校的实施方案。俗话说,好的计划是成功的保障,学校有了合理的计划,各个相关部门才能根据方案的要求进行细化,教师才能按时间节点进行布置、落实,制订出具体研究方案。

(二)立足本土确定研究课题

教育家陶行知说过:“发明千千万,起点是一问。”问题从何而来,怎样引导学生提出问题,是研究性学习指导教师在准备阶段面临的第一个问题。活动前,让同学们充分了解家乡的人文、地理、历史,了解家乡的风土人情,确定研究的主题。主题确定后,还要引导学生找到研究的切入点,帮助学生分解主题,确定自己研究的小主题。

如新罗区的一些学校组织学生对南方龙文化的起源和发祥地进行调查,了解龙岩处于河洛(闽南)文化与客家文化的交汇点对中国南方龙文化源头的历史作用。同时,同学们通过对龙岩境内关于“龙”的地方命名的调查,发现古人把环绕龙岩城江河称为九龙江,把九龙江上游称作龙津河,把城郊的汇水口称作龙门,把建立的城市标志称为龙门塔。以至县辖有九龙乡(今属漳平),山有龙山(今属南靖),水有龙潭(今属永定)。这种强烈而浓郁的龙文化气息,是河洛文化的内核,也是中国南方龙文化最早的轨迹和起源。连城的一些学校选择“走进冠豸山”的研究课题,并将课题分解为:对冠豸山自然景观的探究、对冠豸山地理文化的探究、对冠豸山人文历史的探究、我是冠豸山小导游、走进培田古民居、对冠豸山的特色文化探究、冠豸山的民风民俗探究、冠豸山的植物多样性和动物多样性调查、冠豸山旅游经济分析、冠豸山旅游纪念品的开发、冠豸山的方言文化调查等。

（三）制订自主活动方案

自主设计活动方案是在学生经历了主题确定阶段并完成分组后，为即将展开的对本土资源进行研究的必要准备，体现出实践学习中学生的自主管理和对学习进程的预设，可以保障活动有序地进行。如武平三中围绕课题“追溯名人足迹，提升对客家文化的认识”，对课题研究进程进行了规划，确定阶段目标，针对研究性学习的规范实施开设“确定调查方法，制订研究性学习计划”的专题研讨课。学生以小组为单位，通过合作探究，集思广益，选择适当的调查方法，制订研究性学习活动计划，明白制订活动计划的目的是指导下一阶段的活动。

（四）充分挖掘本土课程资源，做好四大领域的整合

结合闽西特色文化内涵，在实施综合实践活动课程过程中，充分挖掘课程资源，通过开展研究性学习，将社会实践与社区服务、劳动技术教育、信息技术教育等领域整合在一起，真正实现培养学生的综合素质。

如长汀从水土流失严重的“火焰山”变成绿满山、果飘香的“花果山”，逐渐探索出一条适宜南方水土流失治理的新模式，同时还帮助农民脱贫致富。长汀“既改善生态又改善民生”的治荒法宝值得借鉴，从中可以挖掘一些主题进行探究。例如，组织开展围绕“既改善生态又改善民生”水土流失治理的研究性学习活动，学生不仅要到社区调查垃圾的现状，更重要的是对垃圾问题的思考，对社区居民的思考，对人与人、人与社会的思考，对社区环境、自然环境、社会环境的思考等。带着这些方面的问题，学生走进社区，参加社区实践，服务社区，开展“生态长汀·环保卫士”的志愿服务活动，倡议“种下一棵树、圆我美丽梦”的系列活动，实现渗透劳动与技术教育领域的相关活动。活动过程当中收集相关信息，拍照、录像，活动结束后制作电子文稿，进行展示汇报，将信息技术教育整合于整个活动的过程之中。这一活动基本上涵盖了综合实践活动课程资源开发的三条线索（人与社会、人与自然、人与自我），充分整合了综合实践活动中信息技术教育、研究性学习、社会实践与社区服务、劳动与技术教育四大领域，加上其他的非指定领域，构成学生完整的学习、生活、活动领域。

（五）总结提炼本土特色经验、做法

总结是指综合各方面的情况并得出结论，同时对一定阶段内的有关情况进行

分析研究。总结时,要把问卷调查表、访谈提纲与访谈记录、观察日记、考察日记等各项资料,按照活动计划、活动过程、活动体会等分门别类地进行整理,并管理和分析活动档案。总结报告应包括活动的基本情况、根据目标或计划采取的措施、活动的成效、活动的特别之处、活动中存在的问题和不足以及下一步的打算等内容。

闽西是红色革命根据地、中央苏区的组成部分,各县、市都有非常丰富的红色资源,如果能够以当地的红色资源为载体,开发富有特色的综合实践活动课程资源,就能形成具有“红色基地”文化的校本课程。上杭是著名的革命老区,有着非常丰富的革命传统教育资源。上杭三中的学生通过研究性学习,对家乡革命史有了更全面、深刻的了解,掌握了许多第一手资料。在总结阶段,学生对问卷调查表、访谈提纲与访谈记录、观察日记、考察日记等各项资料进行整理、分析,提出“了解家乡革命史,做红色文化传播人”的口号,开展知识竞赛,进行了成果创作汇演:各组上台表演一个内容与课题相关的节目,形式自选(讲故事、朗诵、小品、课本剧、演唱歌曲、合唱、乐器表演等);展示、解说实地拍摄的照片、视频等作品;扮演“才溪乡调查报告”讲解员,真正做红色文化的传播人。

三、利用本土资源开展研究性学习应注意的几个问题

目前,有些学校在利用本土资源开展研究性学习中,常常因为研究对象较为熟悉,出现形式化、代办式、应付式等现象。所以在利用本土资源开展研究性学习时应注意以下几点:

(一)本土资源的开发应从课堂中起步,按照研究性学习的6个单元15个步骤,每周一节课,从选题——实施——总结各阶段在整个研究性学习过程中交错推进,不断完善。

(二)将探究本土资源与学科学习相整合,力求做到一个活动多方收效。在研究性学习过程中综合运用学科知识,将各学科的知识技能进行重组、拓展和延伸。

(三)评价过程中要关注学生在探究本土资源不同阶段的状况;关注学生不同个体发展的多样性;关注过程评价,反映学生的真实情况,促进学生动态发展。

(四)学生深入本土参加调查研究、实践活动要做好安全保障,时刻强调活动中的注意事项,同时获得社区、家长的支持。

(五)组织教师深入学习本土资源,努力通过开发本土资源实现教师课程驾驭能力的提高;提高学生探究能力、突出学生的个性。

(六)要学会去伪存真,对本土资源中带有封建色彩等不利于学生健康发展的

部分提出批评或建议。

综合实践活动给予学校教师丰富的创造空间，促进学校课程的创生与发展，促进学习型学校的建立和校内组织文化的改变，促进学校管理制度变革。各地拥有大量的乡土课程资源，结合它们开发综合实践活动课程，引导学生从自然、学校、社会中发现、提出、研究问题，实现培养健全人格、具有高度的社会责任感和较强的创新意识的综合素质人才，以呼应课程改革的需要。学校要以本土资源为突破口开展研究性学习，如校外图书馆、博物馆、展览馆、科技馆、实践基地等各种社会资源及丰富的自然资源，为推动常态实施综合实践活动课程发挥积极的作用。

综合实践活动有效说课的形式与要点

近年来，不少省、市级教研活动中开展了综合实践说课活动。该活动一般限时 10~15 分钟，让说课者汇报活动情况。该模式对于检验综合实践活动课程实施情况、对外宣传、经验交流，无疑是易操作且有效的教研模式，越来越受各级教研部门的重视。

基础教育阶段各学科说课活动对于初登讲台、经验不足的年轻教师，或虽然有教学经验却是初次接触说课的教师来说，是一种全面把握教材，宏观感受教学全过程，快速规范教学行为的好方法，便于教师逐渐提高研究层次，取得更大收益。说课活动由说教材、说教法、说学法、说教学程序构成。本文所提到的综合实践活动说课，严格说，应称为“说综合实践主题活动”，其目的是更好地推动综合实践活动课程的实施，让参与者将主题活动用 10~15 分钟进行阐述或汇报。但是为了与其他学科保持一致，能让参赛选手获得与其他学科相同的证书认定，故称之为说课活动。如何让综合实践活动课程的说课更有效，并能够以此为契机推动综合实践活动课程的发展，说课的形式以及说课过程中的注意点值得我们探究。

一、综合实践活动说课活动的形式

综合实践活动说课实际上就是说主题活动，从时间上划分，可以分为说活动全过程和说活动过程某个阶段的实施情况。综合实践活动分为准备阶段、实施阶段、总结阶段。在教研过程中，以介绍某个阶段的实施情况为主开展说课活动，也就是说活动的某个片段。这种模式能够推动课程的发展，形成浓厚的教研氛围，但作为比赛相对单一。随着教研活动的深入，也为了让课程实施者能够对综合实践活动全过程参与指导，尽量做到规范、有效实施，本文重点阐述如何说活动全过程的实施情况。活动的全过程又分为活动前的预设案和活动的结案。

（一）说预案（实施前先说）

在实施前对整体的活动进行规划设计，成为主题活动方案，围绕选题由来、活动目标、学生情况分析、活动准备、活动条件保障、方法指导、时间安排、活动过程、活动预期效果、安全预案进行展示。因为是预案，所以没办法提供活动照片，没办法进行反思，但在活动实施前一定要有活动预测。预案是对实施前的主题活动的设计，常常作为综合实践活动课程教师必备的基本技能考查项目。如，龙岩市综合实践活动教学技能大赛中“学科技能项目”，要求选手能够“根据所给材料，制订主题活动方案，并进行说课”，这就是说预案。

（二）说结案（实施后再说）

结案围绕选题由来、活动目标、学生情况分析、活动条件保障、方法指导、时间安排、活动过程、活动效果、活动反思等方面展开叙述。重点应突出教师的指导策略和学生的活动过程，可以提取活动过程中的几个具体事件，以点带面进行陈述。2014 年 12 月福建省普教室在泰宁举行的全省说课比赛即属说结案类型。文件明确要求参赛教师展示完整的主题活动过程，适当展示活动过程的图片、视频片段、实物等相关材料。

二、综合实践活动有效说课的要点

国家教育咨询委员会委员张民生称赞综合实践活动是“最有创意的课程”。说课活动可以很好地带动主题活动的开发和实施，推动各校扎扎实实开展综合实践活动课程，改变以往以开展某节观摩课来代替综合实践活动课程开展的弊端。

由于认识不统一，有的说课活动变成说某节课、说预案，或以科技创新大赛代替主题活动，以通用技术的内容进行展示，没有体现出主题特征，即使说了实施全过程，但真实性有待改善。想要进行有效说课，必须注意以下几点：

（一）明确概念

在活动中，既要对以往所学的各学科知识加以综合，体现科学、艺术、道德的融合；也要关注多种方法的综合运用，提高综合分析问题和解决问题的能力，以此实现综合性原则。综合实践活动不等于通用技术，如《电子工艺制作》一看就是通用技术课，虽然其中也含有探究性的特点，但是不具有综合性，而且实践性也不强，学生可能会始终停留在物理实验室里操作。综合实践活动应该让学生走出教室,主动探究、自主学习。例如,学生通过通用技术课的学习,获得了制作电子工艺的一些技术,然后在此基础上,围绕电子工艺开展实践活动,调查电子工艺与人们生活的关系,电子垃圾怎么处理,电子产品如何改进,怎样会更节能、更环保等等。综合实践活动强调面向学生的整个生活世界,在时间安排、主题确定、方法运用、活动操作和成果表达等方面有相当大的灵活性,为学生发挥个性特长和才能提供广阔的空间。

(二)精选主题

主题要具备科学性、可行性、新颖性,同时也应具有一定的时代性,最好能够体现区域、学校特色。如果主题不明确可能导致学生的活动几乎没有探究的内容,实践活动变为到某个景点拍拍自然风光照,或者到景区开展环保志愿者活动,对历史文化或者特产的考察也仅停留在了解的层面。因此,选题时应该考虑以下两点:

1. 忌题空

主题活动说课,最好选择稍大一点的主题。主题太小,学生参与面肯定小,不适合在班级层面、年级层面开展,只能在五六个人的小组范围内开展。这样很难体现出教师对大主题活动的策划、管理能力,也体现不出教师对课程资源的开发和建设能力。例如,“黑板反光问题研究”这个选题就太小,最后说课变成了学生的结题汇报,没有多少可说的内容。“垃圾分类问题的创新解决方法”也是小课题,这样一个课题再分成收集资料组、访谈组和调查问卷组就不合适,只能是组内分工,而且具体实施时,应该是既有分工又有合作。

2. 有空间

开放性、探究性强的主题,对师生的思维能力提高有极大的帮助,也比较能够吸引学生积极投入研究,而不会仅仅停留于热闹的表面参与上。从学生所拟的子课题可以看出选题是否成功,如“走进莆田古街”选题,学生最后拟的子课题有:“古街历史与名人的调查研究”“古街建筑风格的考察研究”“古街传统美食的调查研究”“古街传统手工艺现状的调查研究”“古街的现状和保护措施调查研究”等。又如,龙岩一中高一学生选择“‘食’事求是”这个选题,开放的空间也很大,可以选的子课题有:“学校周边小吃店食品卫生安全调查”“探究发霉的多水型水果能否去掉发霉部分继续食用”“半导体热泵技术应用(对制冷效果的研究)”“某地小吃营养价值研究”“电刺激对绿豆种子发芽的影响”等。这些活动强调在体验中获取知识,在实践活动中发现和解决问题,体察和感受生活,发展实践能力和创新能力。

综合实践活动要实现常态实施,首先要初步形成综合实践活动系列主题。其次,课程内容既要有"预设",又要留有"生成"空间。最后,课程内容要着眼于课程的目标与要求,并在此基础上力求凸显学校特色。

(三)分解主题

根据自主性原则,强调学生自主选择学习目标、学习内容、学习方式及指导教师,自己设计活动方案、实施和表达结果。主题选好后,可以组织学生先围绕主题发问,从多种问题中分析提炼出要研究的课题。教师也要对与这个主题相关的知识有较深较广的理解,这样指导起来才能比较有高度。如,永安某个学校就"魅力永安旅游资源探究"主题,根据研究内容分设出四个子课题组:自然风光组、历史文化组、燕城特产组、环境保护组。

又如,某校确定"家乡旅游资源开发"主题,应该指导学生思考的问题包括:家乡已经开发了哪些旅游资源?开发现状如何?还有哪些旅游资源有待开发?该如何开发?是不是所有的旅游资源都要开发出来?旅游资源的充分开发有害处吗?在引导学生充分调查、采访的基础上,再提出可研究的子课题。

(四)凸显亮点

说课活动强调直观明了,但常常会出现偏离现象:一是课件制作不规范,有些在字体样式、配色的选择上较为花哨,引起不良的视觉效果。二是重点不突出,能体现内容逻辑的东西没有凸显出来,而是隐藏在文字里头。所以,应明晰指导策略,明确表达活动设计理念、设计意图。教师说课的语言表达要求清晰流畅,富有激情与感染力。

(五)结合个性

开发的资源可分为个性资源和共性资源。一些与当地旅游文化相结合的主题能够清晰体现个性资源,如"走进莆田古街""妈祖文化衫设计与制作""新垵村的红砖古厝及其保护""长泰古山重景区旅游资源的初步探寻""关于畲族文化——服饰的调查与研究"。而共性资源无论放到哪所学校都可以开展,不过学校要注重将个性的东西融入进去。例如武平二中的"体验农耕文明,践行光盘行动"主题活动联系当地粮食局、国家粮库武平中心库等部门,选取水稻基地及部分村镇为实践基地，为活动的顺利进行提供充分保障。个性资源的开发虽然是独特的，但也具有可借鉴性。

（六）明确目标

在制订目标时存在一些常见问题：行为主体应该是学生而不是教师；有的目标缺少行为动词或者行为动词使用不当；有的目标太过于笼统，只是套用综合实践活动的总目标；有些活动目标虽是分三个维度，却又混为一谈；等等。

目标的设定要有较强的可操作性，有一定的可测性与层次性，表述要准确。如龙岩一中"'食'事求是"主题的设定有总目标和阶段目标。阶段目标明确分为：1.选题阶段。学会围绕主题，依据关键词收集、筛选和加工信息，能围绕"食"进行头脑风暴，发现问题，提出课题。2.活动开展阶段。具有团队协作精神，以科学严谨的态度开展研究活动，在实践过程中不怕挫折，学会运用已知挑战未知，形成追求卓越的学习态度。3.结题阶段。能充分发挥特长，以多种形式展现各自的研究成果。这样确保每个环节的活动都有目标引领。

（七）指导有方

活动过程是说课的核心部分，也是重点和难点所在。教师在陈述活动过程时一般都是较为清晰的，时间安排相对合理，能够通过相应的图片、录像、活动成果的资料展现来说明活动的开展情况。这样能体现全员参与，体现综合实践活动的开放性、综合性。综合实践活动的开展要以学生的直接经验为基础，是经验课程。通过活动来进一步丰富和积累学生的经验，从而达到经验的重组与提升。教师的指导应有利于学生自主活动的开展和深化。

很多教师误以为只有在主题确定和分解时才会产生问题，其实问题是贯穿在活动的每个环节中的，我们的活动是围绕学生所产生的问题来开展的。所以，教师的指导也应该随着学生的问题不断进行调整，帮助学生将问题引向深入，这是说课的重点。

通过说课活动，我们欣喜地看到，更多的教师以激昂的热情投入到综合实践活动中来，学生在活动中得到能力的发展，教师在活动中促进专业的成长。希望说课活动能成为学校常态化开展综合实践活动的一个良好契机，更好地推动学校综合实践活动的扎实开展，提升学校办学特色与内涵。

综合实践活动课程的质量标准与评估

义务教育阶段综合实践活动课程是指目前课程改革中从小学到初中设置的综合实践活动必修课。综合实践活动的“质量标准”是指综合实践活动课程的实际施行对学生的发展能真正起到作用的评价标准。“质量标准”和“有效评估”互相联系，课程是否真正达到一定的“质量标准”，需要用“有效评估”去检验、去促进；而科学、合理地评价教师和学生又是课程质量的重要影响因素和保证。2004 年课程改革实验全面推广，全国各地开始实施综合实践活动课程，各级各部门通过召开研讨会，举行观摩、研讨课等形式推动课程的实施，取得一定的成果。由于暂无课程标准，缺乏合理有效的质量标准与评估，直接影响课程的实施，并制约课程的发展，甚至导致有些学校停止了对该课程的探索。因此，如何衡量义务教育阶段综合实践活动课程的质量、制订评估体系，是当前课程实施过程中的一大难点。为此，笔者作为地市级的综合实践活动教研员，结合实践探索，对综合实践活动课程质量标准与评估提出如下建议。

一、落实课程是义务教育阶段综合实践活动课程达到质量标准的关键

综合实践活动课程是国家课程方案规定的必修课程，是基础教育课程体系的重要组成部分，与各学科课程并列设置。与其他课程所不同的是，综合实践活动课程由国家设置、地方指导，学校根据有关规定开发具体学习内容，自小学一年级至高中三年级全面实施。但国家暂时没有出台课程标准，且地方管理滞后。因此，学校在开设这门课程时自主权非常大。作为综合性课程，需要学校做出整体的规划与调控，年段具体落实、教师有效指导，才能真正落实课程，获得质量保障。

（一）课程质量标准取决于学校课程规划与管理

综合实践活动课程校本开发强调学校必须对课程进行整体设计，将办学理念、

办学特色、培养目标、教育内容等融入其中。在此基础上,制订出课程总体实施方案和学年(或学期)活动计划,相互呼应、衔接。学校课程实施方案是保障课程质量的指导性文件,学校开设综合实践活动课程必须进行规划。

首先,义务教育阶段常常以主题活动的形式开展综合实践活动课程,主题确定阶段要充分征集师生的意见,达成共识,每学期每班确定1~2个主题活动。课程规划时,要统筹安排各年级、各班级的主题,依据学生发展状况、学校特色、可利用的社区资源对综合实践活动课程进行全盘考虑。其次,制订学校总体实施方案要注意课时安排,根据学生活动主题的特点和需要灵活调动,有效使用综合实践活动课时。第三,确定实施机构与人员,成立综合实践活动课程领导小组,指定具体科室实施规划、组织、协调与管理等方面的责任,对各处室工作进行具体分工落实。第四,组织方式以小组合作为主,让学生有独立思考的时间和空间,充分发挥合作学习的优势,重视培养学生的自主参与意识与合作沟通能力。第五,明确各年级教师的指导工作,进行具体的布置,正常开展校本培训、教研活动以及建档工作。第六,对教师参与指导课程的质量和数量、学生参与的积极性及发展情况进行综合评价,纳入教师工作总量,作为学期和年终考核奖励的依据之一。第七,建立规范化的安全管理制度及管理措施。

在课程总方案的基础上,还要基于学生的年龄特征、阶段性发展要求,对学年、学期课程做出规划,制订年段实施方案,对指导思想、实施意义、课程目标、课时安排、活动内容、组织实施、过程管理、评价奖励等进行具体的细化,形成促进学生持续发展的学校课程实施方案。

(二)教师有效指导是综合实践活动课程质量标准的保证

在学校课程规划的基础上,指导教师要针对学校规划的主题撰写活动方案。首先要对课程进行开发与设计,这关系到如何有效实施。因此,教师要对课程目标、活动领域、活动主题、活动内容、活动时间、活动督导与管理等进行设计。教师的指导应贯穿于综合实践活动全过程,在课程实施过程中要对学生进行活动方式与方法的指导,帮助学生找到适合自己的学习方式和实践方式,组织实践活动,为学生提供亲身经历与现场体验的机会,感受学习与生活的联系,指导学生做好活动过程的记录和活动资料的整理。总结阶段,指导学生选择合适的结果呈现方式,对活动过程和活动结果进行系统梳理后及时对学生成果进行评价,年段或学校组织汇报会或学生成果展示评比。

（三）学生得到发展是综合实践活动课程质量标准评估的目标

综合实践活动课程的总目标是学生能从个体生活、社会生活及与大自然的接触中获得丰富的实践经验，形成并逐步提升对自然、社会和自我之内在联系的整体认识，具有价值体认、责任担当、问题解决、创意物化等方面的意识和能力。学生是否有效学习主要看是否实现了课程目标，这是课程达到质量标准的终结表现。

通过这门课程的实施，不同年龄段的学生对课题选择、团队建设、方案制订、资料收集与处理、研究方法应用、交流分享、成果展示、评价与反思等环节的表现情况是质量标准的体现。

二、探索评估工作，检验课程是否达到一定的质量标准

义务教育阶段综合实践活动课程的有效评估，可以促进学生个性特长的培养与发展，有助于挖掘教师的潜能，促使广大学校、教师尽快把握综合实践活动课程内容的特点与规律，促进教师素质的全面提升，推进学校调整课程设置、完善课程内容、落实课程目标的需要。如何通过有效评估促进课程质量，以下是课题组教师探索的一些做法：

（一）深入学校，构建评价体系

课题组教师组织人员到学校检查课程落实情况和课程质量，可以通过查看相关材料进行，具体如表2 1。

表2-1 学校上交材料清单

对象	评价材料	评价要素
学校	1.学校课程总方案、年段实施方案 2.各处室相关的制度建设 3.监督课程实施情况的具体做法	1.总方案、年段实施方案可操作性分析 2.用综合实践活动课程的理念与方法设计和实施专题教育活动 3.学校制度对课程实施的推动情况 4.教师的培训机制、教研活动安排情况 5.教务处对教师课时认定、指导质量的管理 6.政教处、共青团、少先队对社区服务和社会实践的组织与管理 7.学生评价体系的建设情况

（续表）

对象	评价材料	评价要素
教师	1. 主题活动实施方案及相应的教学设计 2. 教师指导的过程性材料 3. 对学生活动效果的评价表	1. 教师对课程的教学规划情况 2. 有无通过探究、服务、操作、体验等方式，培养学生跨学科素养的实践性课程 3. 进行了哪些活动方式与方法的指导 4. 指导学生选择合适的结果呈现方式 5. 促进学生自我评价，评定学生综合实践活动效果，改进后续活动，促进学生发展
学生	1. 过程性材料 2. 相关的成果材料 3. 综合实践活动课程写实记录 4. 过程评价表	1. 学生客观记录参与活动的具体情况，了解活动各环节的基本情况 2. 运用了哪些方法 3. 活动资料的整理情况 4. 对活动结果进行系统梳理和总结，达成自我反思 5. 能够设定学习目标，增强自我评价的意识和能力 6. 从心得体会中了解活动的实效性

（二）丰富教研形式，匹配评价方案

还可以采取听介绍、听评课、召开座谈会、组织问卷等方式进一步对学校课程落实情况和课程质量进行评价，详见表2-2。

表2-2　其他评价方法一览表

形式	对象	内容	目标
听介绍	学校领导、处室负责人、教师	学校重点介绍规划与管理，处室具体对工作布置、落实情况进行汇报，教师介绍指导过程中的具体做法	了解学校各层面对此项工作的认识程度
听评课	教师	随堂观摩教师的课堂教学	了解教师把握课程的能力及师生参与课程的深度、广度
召开座谈会	年段长、教师、学生	对学校组织和管理工作的意见，对教师指导的评价意见	了解课程开展情况及有待调整的方面
组织问卷	教师、学生	了解实施课程中存在的操作问题	为进一步完善课程的实施征集意见

(三) 结合对应主题,随机进行能力测试

除了通过看材料、听介绍、召开座谈会、听评课等方法对学校课程实施情况进行评价,课题组教师还可以随机抽取部分学生进行能力测试,具体方向如下:

1. 选择部分学生对参与的主题实践活动进行介绍——考查学生的统筹规划、表达能力。

2. 针对具体的主题实践活动制订活动方案——考查学生的策划能力。

3. 针对具体活动过程所应用的方法,选取部分学生撰写问卷调查表、访谈提纲等或者现场实践——考查学生的应用与实践能力。

4. 针对学生主题实践活动的成果进行介绍——考查学生的总结反思和表达能力。

(四) 运用信息技术平台对学生主题实践活动进行过程性评价的探索

一个主题活动完成情况如何,课题组可以通过设置具体内容进行评价,也可以倡导学生自我评价,在组织学生进行活动过程和成果的交流展示中,引导学生向同伴学习,给予同伴支持、鼓励和反馈,同时指导学生设定适当的学习目标,在活动中进行自我反思,不断激发自我发展的动力。

传统教学中,教师往往包办学生的作品评价,评价方式较为单一、空洞或仅是单纯的表扬,这些都难以激发学生的学习动力。为了更加全面、完整地对学生参与活动的过程进行评价,课题组探索利用信息技术平台提供过程性评价及作品评价等综合性评价。

首先,通过分组功能与协作模式建立研究性学习团队。线上与线下的分组相结合,可以让学生线下的研究活动得以延伸,拓展综合实践活动课程的时空。同时配合WIKI等协作模块,小组一起设计和修改研究方案,让学生取长补短,不但可以培养学生缜密的逻辑思维,还可以记录所有的修改过程,把学生思维的过程固化。

其次,通过在线作品评价让学生互评、家校互动起来。利用个人自评、小组互评等功能,根据制订相关的评价量规细则,自动对评价结果进行统计分析。这不仅能充分调动学生的主观能动性,还能让学生在评价他人的过程中,更加关注自身作品与他人作品的对比,从而不断完善自身作品。教师也可把评价量规得分作为学生学习成绩的依据。部分实验学校还通过微信公众平台进行作品评价,让家长也参与投票,拉近了家长与学生、老师间的距离。

例如某老师的“制作毕业纪念册”活动目标设定为:通过分组学习,学生利用信息技术,合作制作纪念册,在合作、探究、反思等多个环节中不断反思自己,学会评价自己和他人。

第一课时,让每个学生制作一件自我介绍作品。第二课时,把学生分成若干小组,组内互评,推选出最佳作品。该作品的作者任组长,负责组织组员整合组内各学生作品为小组作品。在最后汇报展示环节,小组成员分工,1人负责演示,1人负责汇报,其余组员通过平台评价其他小组作品,进行组间互评。最后,当教师公布小组评价结果时,每个学生都对即时产生的小组评价数据充满期待。这样的课不但培养了学生的团队协作精神,也充分利用评价数据调动起每个学生的学习积极性。

综合实践活动课程的实施之路坎坷,为了能更加科学、有效实施,需要教师们不断完善课程的实施方案。方案设计得越完善,相应的质量标准会越明确,课程实施也会更加到位。因此,教师们今后要注意从课程方案规划抓起,认真思考课程标准,探索更加有效的评估手段去验证课程的实效性,推动课程的实施质量标准不断提高。

区域推进综合实践活动课程实践探索

综合实践活动课程是国家设置、地方管理、学校开发的课程，是国家规定的必修课程，是当前基础教育改革的一大亮点，是我国实施素质教育的内在要求。自2001年6月《基础教育课程改革纲要（试行）》颁布以来，我市一些学校在实施过程中仅以教育部2017年颁发的《中小学综合实践活动课程指导纲要》为依据，处于没有专业教师、没有课标、没有教材的"三无"状态。笔者自2012年1月担任龙岩市综合实践活动课程教研员以来，通过深入全市33所学校调研，找出课程实施的主要问题，并结合问题研究对策，力求有针对性地解决问题，有较大的收获。

一、主要问题

（一）学校开发水平参差不齐

综合实践活动课程由学校开发，学校只能根据《纲要》所设定的基本框架来规划课程的基本类型、基本内容和具体活动方案，常态实施综合实践活动课程面临着很多困难，凸显的问题也愈来愈多：学校对综合实践活动课程的认识存在差异，有些学校将研究性学习作为课外活动、社团活动来开设；教师将研究性学习挪作他用现象严重，教务部门缺乏有效的跟踪管理；初中综合实践活动课程中的研究性学习、社区服务与社会实践、劳动与技术教育多由班主任负责，不少班主任将研究性学习作为班级管理工作的延伸。特别是，不少学校不知道如何规范实施，如何开发课程资源，如何培养专（兼）职教师，如何对课程进行管理，如何有效指导。这些问题制约着课程的开设，小学大都以活动代替课程，中学研究性学习走过场，没有真正通过综合实践活动课程培养学生的社会责任意识、问题解决能力、实践创新精神。

(二)地方管理实际困难较多

《基础教育课程改革纲要(试行)》规定综合实践活动课程由地方管理,强调将综合实践活动实施情况纳入全国中小学课程实施监测,但没有具体的实施意见。谁来管?管什么?怎么管?全国大部分地区教育行政部门和教育督导部门都处于落实不力状态,对于学校未开设课程或将课程挪作他用缺乏对策。基于这种现状,教研机构认为相对于其他课程来说,综合实践活动课程在管理上弹性太大,真的管起来困难重重,不管也影响不大,所以省、市、县各级教研机构的综合实践活动课程教研员大都是兼职的。综合实践活动课程就像是教研员的副业,没有精力去推进课程,只能在力所能及的范畴内,开设一些研讨会、组织一些比赛。地方管理停留在如此层面,无论多长时间这门课程都难有发展可能。

我市也不例外。除了市里有专职教研员外,各区县都是兼职教研员,有些区县连兼职的都没有。因此,我们认识到必须充分发挥市级教研龙头作用,区域整体推进龙岩市综合实践活动课程的实施。

二、解决问题的过程与方法

如何促进综合实践活动课程常态实施?除了要提高教育行政领导和学校校长的认识外,还应集中力量加大课程实施研究力度,准确把握课程改革的基本要求,针对常态实施的基本要素,积极开展实践性探索研究。为此,经多方论证,我们采取"一点、两线、四面"的"点线面"联合驱动的区域推进模式,以龙岩市整体作为一个区域,全面推进综合实践活动课程常态实施的实践探索。

(一)"一点":以"实验学校"为改革试验点,有的放矢,集中研究力量,突破综合实践活动常态实施的障碍

1. 小学、初中课题实验学校的实践探索

研究性学习作为综合实践活动课程中的重要领域,既是新课程改革的重点又是课程改革的亮点。为了更好地推进初中研究性学习领域的规范实施,我们于2013年确定了"初中学生研究性学习领域基本规范实施研究"课题,组建了总课题组研究机构,并在全市范围内设立了8所实验学校,每县一所。实验学校教师代表及部分教研员共同形成一个研究团体。各实验学校成立子课题组,对研究性学习的开展进行具体的实践研究。本课题主要采取常态下的行动研究法和实验研究

法。历时三年,各实验学校均成立了教研组,探索出初中研究性学习规范实施的有效模式,总结、提炼出在初中开展研究性学习的主要做法、措施和策略;积极开设符合学校特色的研究性学习课程,努力开发综合实践活动课程资源;培养了一部分专(兼)职教师,能够规划学校综合实践活动课程,有效指导学生开展研究性学习。

综合实践活动课程的质量标准是什么?如何评估?这是课题研究中的热点问题,也是难点问题。学校应如何实施才能达到一定的质量标准?教师有效指导的标准是什么?学生如何参与综合实践活动才符合课程标准?为解答这些问题,我们设计了针对教师评价的《综合实践活动教师评价现状问卷调查表》和针对学生评价的《综合实践活动指导教师问卷调查》。通过对问卷调查中数据的收集和统计,课题组发现我市综合实践活动评价特别是学生质量评估这块总体较弱,因此,又确定申报福建省教育科学2014年度规划课题"义务教育阶段综合实践活动课程质量标准及评估研究"。课题组选择两所初中、五所小学和部分教研员开始实验研究。经过两年的研究,提高了对综合实践活动课程管理实效,开发了义务教育阶段综合实践活动课程资源开发利用的有效模式和典型案例,总结了运用信息技术平台对学生主题活动进行过程性评价的策略。

2. 高中课题实验学校的实践探索

为了更好地推进高中研究性学习的规范实施,市普教室于2013年成立了"高中研究性学习常态实施的研究"课题研究小组,组建了总课题组研究机构,由市普教室主任领衔负责,笔者组织实施,全市9所一级达标校和1所二级达标校共10所学校作为课题实验学校组成研究团队。同时,各实验学校成立子课题组,对研究性学习的开展进行具体的实践研究。

本课题以行动研究法为主,辅之以文献研究法、调查研究法、经验总结法。课题实践研究根据研究内容分成5个子课题,各实验学校选择一个子课题深入研究。经过两年的研究实践,高中课题实验学校初步取得了如下研究成果:形成了研究性学习课程资源开发利用的有效模式和典型案例;总结了研究性学习的教师指导内容;构建了研究性学习的评价体系;探索了研究性学习的规划管理;建设了研究性学习教师队伍。

(二)"两线":以"市培""省培""国培"三级培训为主线,以送教下乡为辅线,两线协同,夯实综合实践活动常态实施的基石

1."三级"培训为主,培养骨干教师

加大培训力度,促进骨干教师队伍建设。①市级培训:2012年6月9日-2012年6月30日,龙岩市举办了中小学综合实践活动系列培训班。2014年组织100名市直学校教师分3个阶段参加专业培训。②省级培训:每年都有部分教师前往上海、福州、厦门、泉州等地参加培训活动。每年有多人次参加福建教育学院组织的综合实践活动专项培训。

2.送教下乡为辅,壮大教师队伍

骨干教师送教下乡,带动薄弱学校综合实践活动课程常态化开展。为更好地促进各区县综合实践活动课程常态化开展,更好发挥龙岩市名师的引领、带头、辐射作用,更好地促进每个县校与校之间的综合实践活动经验交流,营造良好的教研氛围,我们组织福建省综合实践活动学科带头人、市名师一行10人前往义务教育学校开展送教活动,团队分初中组、小学组,分3个阶段深入各区县。

充分发挥中小学名师工作室的引领带动作用。小学综合实践活动肖美霞名师工作室和中学综合实践活动蓝伟文名师工作室结合学科教学、教研实际,每学期自主开展一次质量观摩研讨或送教到校活动。两名师工作室自成立以来,先后到14所学校开展送培、送教等活动,共计开设公开课24节、讲座20场,邀请市外专家8人做报告10场,观摩所在学校教师开课19节,系列活动有力推动了综合实践活动的有效实施。

(三)"四面":以制度层面、组织层面、教研层面、实践层面为四大改革层面,面面俱到,搭建综合实践活动课程常态实施的体系

1.制度层面的搭建

(1)加强整体指导

一是通过召开推进会,达成共识。市教育局先后于2012年9月、2014年1月分别在龙岩四中、武平一中召开龙岩市研究性学习推进会,局领导到场提出开设好课程的要求。二是出台两份文件,提出高中、初中加强研究性学习工作意见。三是召开部分学校领导会议,对开设好课程进行总体布置。

(2)出台管理制度

市综合实践活动学科组出台《龙岩市综合实践活动课程实施纲要》,编写《龙岩市义务教育阶段研究性学习指导手册》《龙岩市义务教育阶段综合实践活动课程质量标准及评估意见》等,并要求各所学校依据各自的校情,编写提交《**学校综合实践活动课程实施方案》。这一系列制度的出台与实施,使综合实践活动课程更加规范。

2. 组织层面的搭建

(1) 发挥龙岩市普教室综合实践活动课程学科组的作用

一个区域的综合实践活动课程建设要实现突破和取得长足发展,需充分发挥市级学科组的作用。①市专职教研员充分发挥课程领导力,做好课程实施的顶层设计工作,组织骨干力量结合当地实际情况,研讨并制订出具体的课程实施纲要及指导手册。②精心设计不同层级人员的课程素养培养方案,为区域教师专业成长助力。③对区域课程进行管理和调控,发挥课程指导职能。④对区域推进课程实施中的经验总结做好提炼、推广工作。

(2) 发挥龙岩市教育学会综合实践活动专业委员会的作用

龙岩市教育学会综合实践活动专业委员会2012年5月进行换届选举,充实了力量。①创造师资培训机会。专业委员会在四年任期内先后派人前往广东和上海参观学习。②提供经费支持。区域推进课程实施过程中因编写指南、成果汇编等产生的经费,专业委员会均予以支持。③搭建师生展示舞台。在区域推进课程实施过程中,围绕课程实施的不同方面,开展多种类型的比赛,为师生搭建展示和提高的平台。2016年12月,综合实践活动专业委员会成为唯一一个被龙岩市教育学会授予"先进单位"称号的学科委员会。

3. 教研层面的搭建

(1) 以赛促研

2012年至2016年,龙岩市组织了多次不同学段、不同类型的比赛。为能够真正达成以赛促研的目的,各项比赛都精心准备,严格要求,公正评比,依据课程实施过程中的重点、难点问题设置不同的比赛内容。例如,案例评比的重点是提高教师撰写案例的能力;说主题活动比赛旨在提高教师主题活动指导能力;优质课评比,目的是提高教师驾驭综合实践活动课堂的综合能力。

① 师生案例评比

2014年举行"龙岩市综合实践活动课程资源开发优秀案例"评选活动,引导教师从撰写主题方案着手,以提升实施综合实践活动课程的设计能力,最终评出24

篇优秀案例,汇编成册,并进行全区推广。

2015年组织“龙岩市中学生研究性学习案例评比”,学生参与主题活动,对过程进行记录,形成完整的案例。该评比为我市中学生开展研究性学习的成果交流提供平台。

② 说课(主题)比赛

各个学校将开发的主题活动方案直接列入学校课程当中,按照方案开展主题活动。经过一学期的实施后,组织说课(主题)活动,教师将整个主题活动方案进行介绍。2014年11月,市教育局组织开展了龙岩市中小学综合实践活动说课评选活动,评出一等奖6个、二等奖12个、三等奖11个。2014年12月,我市推荐小学、初中、高中说课一等奖前两名选手参加福建省中小学综合实践活动说课比赛,取得了4名省一等奖、2名二等奖的好成绩,充分说明我市在研究性学习课程规范实施推进方面已经初显成效。

③ 优课(微课)评比

高效赛课,保质保量。2012年11月底,在为期两天半的综合实践活动教学评优活动中,三至六年级共有17节课参赛,其中城区组有10节课,农村组有7节课。

用好平台,鼓励创新。引导教师充分挖掘自身才艺,并按综合实践活动课程理念将其转化为优质的课程资源。在2013年“福建省中小学综合实践活动‘才艺展示与资源开发’微课视频作品评选”活动中,我市获一等奖的作品有12件,占全省一等奖总量的三分之一。

层层比试,晒出优课。结合“一师一优课”“一课一名师”活动,精心组织,每2~3个县为一个片区,县级选手在片区赛胜出者,才能进入市级比赛,如此分片试赛,层层推进,推动各区县教研员参与指导、参与评判,一方面提升教师的指导能力,另一方面以赛促研,推动教师专业成长。

(2) 联动教研,组建团队

构建联动教研示范区域,提升区域教学、教研质量。将市直、新罗城区学校作为联动教研示范区域进行试验探究。通过2~3年的教研联动试验,逐步形成“指定专人—同课异构—建设团队—校本研讨—网络教研—现场观摩—反思调整”的联动模式。基本达成如下目的:形成良好的教学常规,认真钻研教材教法,有效实施课堂教学;搞好教研组建设,培养团队精神,教师合作交流,共同进步;培养骨干教师,在教学、教研中起到辐射带动作用;全体组员共同参与福建省基础教育课程教学研究立项课题“构建薄弱学科联动教研O2O模式”的实践研究,探索建立较为有效的常态开展协作教研的模式，打造综合实践活动课程开展联动教研的团队；探索构建基于过程性数据积累的、线上与线下相结合的教研模式，并建立相关制度和评价办法，调动综合实践活动课程教师的工作激情和主动性；利用龙岩教研网、省教育资源服务平台、国家教育资源服务平台等开展网上协作备课，积累优秀教学案例和教学资源。

（3）专题精研，聚焦核心

针对本区域教研实际，确立专题“基于青少年科技创新的综合实践活动研究”。这一专题由综合实践活动课程正高级教师蓝伟文老师领衔的龙岩市中学名师工作室开展研究。该工作室围绕这一专题创设了系列研讨活动，培养了14名分布在全市各县的青年教师，采取理论学习、定期研讨的方法，达到提升素质的目的。通过课题研究、课程开发、参与比赛等方式进行引领示范，实现领衔人带成员、成员带同事、一校带多校的辐射推进模式，取得很好的效果。

4. 实践层面的搭建

（1）开发课程资源

多渠道结合开发课程资源，在课程资源开发中形成典型案例，打造市、县、校多级联动的共建共享平台，为课程实施提供高质量、常态化的资源支撑。将班团队主题教育活动与研究性学习的实施相结合，开发系列德育主题实践活动。在此基础上，确定综合实践活动课程与德育主题实践活动相结合模式，组织对闽西传统文化资源进行探索、实践和整合，创新德育形式。所设计的方案“开发闽西传统文化资源，创新德育特色主题实践”成为2016年福建省中小学德育建设示范项目。

将综合实践活动课程与德育主题实践活动相结合，我们摸索出了6环节“222”板块模式，即依据“选择主题—制订计划—实践活动—总结汇报—拓展提升—体验服务”这6个环节，外加2个方法指导板块、2个主题汇报板块、2个实践活动板块。

操作要点：一是用综合实践活动课程方式设计德育活动，解决传统主题班会的弊端；二是立足于主题实践活动，以学生的实践活动为基础，以学生的直接体验为形式。三是将主题实践活动引入主题班会，创新主题班会的形式，提升班级德育的实效性。

（2）重视实践总结

通过组织教师论文评选，督促教师做好实践总结工作。如，组织2013年福建省中小学综合实践活动课程教育教学论文评选，选择优秀论文参加全省评选，同时将我市51篇优秀论文进行汇编。2014年12月，在全省综合实践活动教研员培训会议上,笔者就龙岩市区域推进综合实践活动课程的实施开设讲座。2016年还精选不同课型的优秀教学设计、教学论文,积集为《龙岩市综合实践活动课程资源开发案例汇编》和《龙岩市综合实践活动教学论文汇编》两本集子。

三、取得可喜成绩

在5年区域推进综合实践活动课程的实施过程中,通过"点线面"联合驱动模式,我们进行了一系列实践与探索,采取相应的策略与措施,积累了一些基本经验,也取得了一定成效。

(一) 首创两个模式

1. 区域推进模式:"一点、两线、四面"的"点线面"联合驱动的区域推进模式。

2. 6环节"222"板块模式:依据"选择主题—制订计划—实践活动—总结汇报—拓展提升—体验服务"这6个环节,外加2个方法指导板块、2个主题汇报板块、2个实践活动板块。

(二) 构建两大体系

1. 构建了区域课程实施体系:通过区域指导、出台制度、发挥学科指导组和专业委员会的作用、以赛促研、联动教研、专题精研等举措保障区域课程的实施,形成龙岩市综合实践活动课程的实施意见。

2. 构建区域课程评估体系:形成了《龙岩市义务教育阶段综合实践活动课程的质量标准及评估意见》。

(三) 组建区域共同体

形成了"初中研究性学习规范实施"研究团队,"高中研究性学习常态实施"研究团队,"义务教育阶段综合实践活动课程的质量标准及评估"研究团队,市直、新罗城区线上线下联动教研团队,名师工作室团队,"闽西传统文化传承与创新主题实践活动"研究团队。

(四) 推动科技创新

2012—2016年间,团队成员获得多项科技创新成果,申报国家发明专利1项、实用新型专利1项,学生参与科技创新大赛获市级以上奖2012年3项、2013年3

项、2014年9项、2015年13项、2016年13项。

四、效果与反思

（一）效果

1. 形成一股氛围——上下一心，推进综合实践活动课程。

2. 初具一套模式——实施“一点两线四面”驱动模式，区域全面推进。

3. 培养一批师资——涌现了包括全省第一且唯一的综合实践活动学科正高级教师、3名省市学科带头人、9名综合实践活动市名师和一批教学骨干。

4. 开发大量课程资源——在2014年组织开展的综合实践活动课程资源开发比赛中共收到案例67篇，其中优秀案例24篇收入《龙岩市综合实践活动课程资源开发案例汇编》。近两年又将班团队主题教育活动与研究性学习的实施相结合，开发了“客家祖训我传承”“传统节日我传承”“文明公约制定我参与”等十多个德育主题实践活动课程资源。

5. 研究多项课题——笔者主持“初中学生研究性学习领域基本规范实施研究”、参与“高中研究性学习常态实施研究”、主持福建省教育科学2014年度规划课题“义务教育阶段综合实践活动课程质量标准及评估研究”、参与福建省基础教育课程教学研究立项课题“构建薄弱学科联动教研O2O模式”的实践研究。

6. 撰写多篇论文——汇编市级论文集一册（《<高中研究性学习的常态实施研究><初中学生研究性学习领域基本规范实施研究>论文汇编》）、教育学会论文集多册，在国内刊物上发表论文20余篇。

7. 成长广大学生——学生参与课题选择、团队建设、方案制订、资料收集与整理、研究方法应用、交流分享、成果展示、评价与反思等环节的质量有所提高，态度主动，实现知行合一。学生的优秀研究案例汇编成《龙岩市中学生研究性学习案例汇编》。

8. 凸显一批学校——新罗区莲东小学、龙岩师范附小、永定胡文虎小学等结合本校实际，创新综合实践活动课程的开设形式，将其办成特色课程、亮点课程。初中实验学校通过主持市县联动教研的展示活动，充分示范综合实践活动课程的实施成果，对其他非实验学校形成良好辐射效果。除此之外，永定二中还作为省普教室综合实践活动基地学校，组织召开了多样活动，得到省、市领导和专家们的赞赏；龙岩一中分校在全市初中教学开放周活动中，对研究性学习课程展示多样有效，以班主任为核心的综合实践活动课程课题组成员的专业素养得到发展，学校的德育实效性得到提高。

9. 实践了一个项目——2016年福建省中小学德育建设示范项目“开发闽西传统文化资源,创新德育特色主题实践”。

(二) 反思

1. 区域推进的理念有待完善、检验。

2. 兄弟区域的借鉴材料有待丰富。

3. 区域提升课程领导力的模式有待加强研究。

提炼推广篇

笔者2016年主持了福建省中小学德育建设百优项目“开发闽西传统文化资源，创新德育特色主题实践”，积极开展传承传统文化的新探索；2017年对已有实践成果进行梳理，撰写了《闽西传统文化的传承与创新主题实践》获评为全国中小学德育工作优秀案例。该案例结合有关“基于班团队德育主题实践活动与研究性学习整合实施”的研究，创设了“爱我龙津河 你我共保护”主题班会，受到广大中小学德育骨干教师、专家的高度认同。同年，笔者在对原有研究成果进行梳理及调整的基础上，再次参与德育建设示范项目的申报，申报项目入选“福建省中小学德育建设十佳示范项目”。

2017年，中共中央办公厅、国务院办公厅印发了《关于实施中华优秀传统文化传承发展工程的意见》，教育部印发了《中小学综合实践活动课程指导纲要》《中小学德育工作指南》，这些文件不仅是德育、传统文化和综合实践活动融合与创新的重要政策依据，也为我们的后续研究提供了很好的政策保障。

近几年，笔者组织研究团队开展了更深入的研究，围绕龙岩一些本地传统文化资源创设了大量主题实践活动。这些活动在引导学生关注社会、理解与传承传统文化，实现培养学生健全人格和社会责任感等方面发挥了重要作用。在实践过程中，笔者还对德育、传统文化和综合实践活动融合与创新操作模式进行总结提炼。2018年5月，在上述操作模式上形成的"基于闽西传统文化传承的主题实践活动探索与创新"，荣获了福建省教学成果一等奖。

本篇重点对德育、传统文化和综合实践活动融合与创新的实践探索过程、操作模式以及三融创的作用进行介绍：提出了基于三融创的主题班会设计与实施，介绍了以主题实践活动形式发挥传统文化德育功能的一些做法和成果，深入挖掘了客家文化的德育内涵。

基于三融创的主题班会设计与实施

目前不少主题班会存在以下问题:以灌输为主,缺乏学生的主动参与和亲身体验;以说教为主,缺乏德育实践。上述问题的具体表现是:教师是演讲者,学生是听众,教师只是告诉学生该做什么,不该做什么;为完成学校布置的任务,教师将主题班会完全交给学生,学生缺乏来自教师的指导;学生缺乏实践活动,没有直接参与探究,没有深入体验,没有自己真实的体会,仅靠听一些道理,以至于这些主题班会枯燥无味,缺乏说服力;有过多的、机械的节目表演,太过形式化,花了不少时间效果却不理想。

基于综合实践活动理念的主题班会强调的是以学生为中心,以情境为中心,以活动为中心。它最大的特点是不以知识灌输为基础,而以学生的实践活动为基础,以学生的直接体验为形式。把主题实践活动引入主题班会,创新主题班会的形式,可有效避免传统主题班会的弊病,提升班级德育的实效性。以下就如何运用综合实践活动理念设计和开展主题班会提出意见。

一、主题确定与实践活动的创新设计是关键

主题是实践活动的中心,主题的确立与活动的设计对整个实践活动来说具有方向性的指导作用。班级主题实践活动是由班集体以一个主题为中心开展的实践活动,确定主题和设计实践活动是开展好班级主题实践活动的关键,它们将引导实践活动向预定的方向发展,达到预期的目的。

主题的确定应来源于社会需要和青少年成长的需要——可以是针对学生身心发展和成长中遇到的共性问题,如学习问题、人际交往问题等;也可以根据社会对人才的素养要求确定主题内容,如爱国主义教育、理想信念教育、公民道德行为教育等;还可以针对本班学生最需要解决的普遍问题,如缺少自信、课堂秩序差、不良学习习惯等来确定主题。班级主题活动的设计,一定要有针对性,要贴近学生生活

和实际思想。下面结合一些案例予以说明。

(一) 针对班级学生面临的问题,设计班级主题实践活动

针对班级学生面临的问题,班主任要通过调查研究了解,从中确定主题,用综合实践活动课程的理念设计和开展主题实践活动。如一位小学班主任发现班上有些学生不能按时保质完成规定任务,缺乏责任心。针对这个问题,该班主任拟定了班级主题实践活动“我的岗位我负责”,设计了主题实践活动的4个系列活动(分4次班会课完成):1.深入探究,认识岗位;2.交流研讨,分析问题;3.实践体验,珍惜岗位;4.归纳总结,拓展延伸。通过主题实践活动使学生明确自己的岗位任务以及认真完成岗位任务所要具备的责任心。

(二) 抓住热点问题,确定主题

抓住社会生活中的热点问题,确定主题。如,龙岩一中分校抓住教育新闻热点“践行福建精神”(指爱国爱乡、海纳百川、乐善好施、敢拼会赢),针对七年级上学期各班设计了以“我爱闽西”为主题的实践活动。又如,围绕培养社会主义核心价值观的热点,永定二中确定了“汲取客家土楼文化精华,培育社会主义核心价值观”的主题实践活动,并设计了以“客家土楼文化精华”“土楼道德礼仪”和“践行社会主义核心价值观校园文化”为主题的班会课。通过开展主题实践活动型班会课,学生得以了解客家土楼及其深厚的文化内涵,汲取相关思想精华,树立正确的理想信念和道德情操,形成积极向上的世界观、人生观,同时逐步形成社会主义核心价值观,另外,学校也会形成践行社会主义核心价值观的校园文化。

(三) 结合当地资源选择主题,创新设计实践活动

要想让德育取得实效,很重要的一点是要充分利用当地的德育资源,就地取材,因地制宜,充分发掘当地活生生的、洋溢着乡土气息的材料对学生进行教育,学生容易产生亲切感和认同感,效果自然是事半功倍。闽西有众多的红色资源,通过探寻,可以弘扬革命历史,学习伟人精神,进而达到育人效果。结合文化遗产、名人足迹等,可以选择保护环境、爱国爱乡等众多的德育主题。

如,长汀县河田镇原名“柳村”,曾因洪水泛滥及滥伐森林引发的水土流失而出现“柳村无柳,河比田高”的极端情况,故把柳村改称为“河田”。1988年至今,河田人民群策群力治理水土流失,昔日烈日炎炎的“火焰山”重新披上“绿装”,基本实现

了长汀人的绿色之梦。当地被誉为中国水土流失治理的一面旗帜。因此,长汀县河田中心学校确立了具有浓郁地方特色和鲜明时代气息的生态文明教育主题——增强水保意识,建设美丽家园。围绕这一主题,依据班级实际,班主任设计了“水土保持从我做起”主题班会活动。活动分三个部分:1. 主题的确定。2012 年 12 月,确定“水土保持从我做起”活动主题,制定相应的活动方案。2. 活动的实施。2013 年 1 月—2014 年 5 月,根据“水土保持从我做起”活动方案,组织学生走出校园,开展调查、采访、宣传、美化等形式多样的实践活动,并收集资料,处理资料。3. 活动交流汇报。2014 年 6 月进行了这一主题活动成果的展示汇报。该活动历经一年半,班级以该主题为主线索,深入社区调查、展开实践活动。上述活动设计符合学生的年龄特点,且结合了当地的地理、时代特色。通过参与保护环境的活动,同学们自觉地从身边小事做起,关注周围、社区、国家乃至世界性的环境问题,并养成随时随地保护环境的意识和习惯,达到了独特的德育实践活动教育效果。

二、实施主题实践活动,创新主题班会形式

开展主题实践活动不是一节课就能够完成的,而是必须经历一个实践的过程。确定主题和设计实践活动这一环节完成后,正确组织实施是达成德育效果的根本。只有将方案实施,才能将班集体的主题实践活动落实到位,才能让学生在这个过程中有体会、有感悟、有行动。所以,以主题实践活动为主线的教育活动应该是在不同阶段有不同的主题班会形式,或选择主题,或采用讨论交流,或让学生参与实践体验,或让学生将主题实践活动延伸到课外,形式可谓丰富多彩。

(一) 情景切入式主题班会

情景切入是为达到显现主题的目的,接着围绕该主题分析、开展主题实践活动。情景切入常在主题确定课上使用,通常选择用相关视频片段来引入问题,引发学生思考;也可在课前通过问卷调查、访谈等方式引入,从而让学生有直观的认识。

如,龙岩师范附小有位班主任发现班级学生中买零食现象严重,为了引导学生正确使用零用钱,该班主任拍了一些学生买零食的照片和视频,并对主题班会课作了以下安排。

第一步,播放学生随意消费的照片、视频片段。

第二步,学生认真对照自己的行为,分小组思考、分析,反思存在的问题,各小组代表剖析问题。

第三步,教师引导学生如何正确使用零花钱,如何养成勤俭节约的好习惯,同时提出问题:我们学校各年级同学使用零花钱的情况如何?可否做些力所能及的事情来挣点零用钱?

在教师的启发、指导下,学生的不良消费习惯得以纠正。在上述过程中,应注重让学生养成自主、合作、进取等良好品质。学生还开展了以下实践活动:对零用钱使用情况进行调查,周末进行挣零用钱体验,参与“我是小小理财家”活动等。

(二)集体讨论式主题班会

学生有了亲身经历,有了体验和感受后,便可采用集体讨论的方式开展主题班会课。通过讨论,形成小组意见,在班会课上发表,小组其他成员补充,其他小组提出看法,彼此互相完善实践经历的成效,教师适时点评,提升教育实效性。

比如,龙岩高级中学七(1)班班主任带领学生开展“学雷锋做文明学生”主题活动,围绕该主题确定两项实践活动:①通过学习雷锋事迹,了解雷锋精神的具体内涵;②通过调查研究,明确中学生学习雷锋精神刻不容缓。在上述活动中,学生通过上网查找资料、调查访问,对雷锋精神有了一定的认识,然后设计问卷,了解学习雷锋精神的现状并思考,进而提出了一些合理化的建议。主题班会上,学生踊跃发言讨论,对雷锋精神有了进一步的理解,对学习雷锋精神的现状进行了分析。该课上,作为“总指导”的班主任最重要的任务是组织交流研讨活动,引导学生发现问题、思考问题,培养学生合作探究,让学生将探究过程中的体会与同学交流分享,进而生成一些新的问题,将探究不断深入进行,同时集思想教育于其中,激发学生明确新时代雷锋精神的内涵,让学生更深刻理解新时代雷锋精神,为行动提供思想基础。

又如,在上文有关长汀县河田中心学校的案例中,通过组织学生进行实地参观调查等实践活动,使学生了解水土流失给河田人民带来的严重危害,感受到水土治理的成效和家乡美丽山河的巨变,之后学生深入交流研讨,将实践活动过程中的所思所想与大家分享,进一步激发了学生树立水土保持的责任感。

(三)情感体验式主题班会

情感体验式主题班会以学生的情感体验为主,展示成功的喜悦和失败的教训,从而不断丰富学生的积极情感,增强学生的社会责任感和使命感,促进其道德情感、意志、行为、能力的和谐发展,从而达到预期的德育目标。

比如,龙岩一中分校以“我们常怀一颗感恩之心”为题开设了一节魅力班会课。称为“魅力”是因为该课不仅是经过主题实践活动后的展现,更是学生情感体验的再现。其流程如下:

情感体验成为这堂课的关键:第一环节——走进父母,感悟爱。这个环节是在音乐、视频的渲染下,让学生们充分感受父母伟大深沉的爱;让学生把父母的爱“找出来”,并告诉他们要珍惜身边每一个爱他的人,同时也要坚强地面对人生中突如其来的变故,进而拓展、深化主题。第二环节——体谅父母,理解爱。这个环节是在歌曲《儿行千里母担忧》的背景音乐中,由一位母亲深情地讲述她的人生经历,让学生从一个个很熟悉的学习生活情境中获得情感体验,进而告诉学生,学会感恩可从父母开始,还要感恩你的其他亲人、师长、朋友和帮助过你的人;第三环节——关心父母,回报爱。通过学生与父母心连心的交流,全班同学向父母表达感恩宣言,把班会推向最高潮,使学生把感恩父母的情感升华为努力奋斗的内动力,他们要健康成长,努力学习,懂得关爱他人,学会感恩。班会最后在一首与主题相关的歌曲中结束。

(四) 总结汇报式主题班会

该课型是主题实践活动结束后的汇报课,既要对各个小组的活动进行简洁、有效的展示,又要求师生对整个活动进行小结汇报,所以前期充分的准备工作是总结汇报课的保障,也是提升主题实践活动德育效果的重要环节。为了达到更加有益的教育效果,应事先组织小组对整个活动进行反思。实践活动结束后,学生有了体会,小组再进行总结并撰写心得体会,过程中可以结合一些成果展示,甚至可以准备简单的节目以丰富汇报课内容。

如上文“我的岗位我负责”主题实践活动那样,班主任在总结汇报式主题班会课上,可开展以下环节的活动:

1. 各组汇报岗位体验的情况,展示体验过程、收获与体会。

2. 班主任围绕学生的成果展现,结合德育教育主题进行点评。

3. 小结深化,点明主题。

(五) 拓展提升式主题班会

该课型是在总结汇报课基础上的拓展提升,重点是将实践活动的德育实效进一步具体化,这个环节更需要学生用文字进行表达、概括。通过该课可对学生进行德育工作的总动员,充分调动学生的积极性,引起学生的共鸣,将活动效果推向高潮。

如,上文“零用钱的正确使用”案例在这种课型中是这样拓展提升的:

1. 通过前期实践活动,形成文字材料,充分认识正确使用零花钱的重要意义。

2. 从活动中感悟和升华,提出重视劳动果实、珍惜父母为孩子的付出。

3. 引导学生拓展提升,进一步思考“如何当好小小理财家”。

4. 让学生设计新的主题实践活动:学会理财,开展创业实践活动。

总之,班主任在开展主题班会课时,可以采用综合实践活动的形式,针对班级学生存在的主要问题、热点问题,结合当地德育资源确定主题并进行创新设计,指导学生采用情景切入、集体讨论、情感体验、总结汇报、拓展提升等形式设计并开展主题班会课,充分发挥主题班会课对学生的教育功能。

以主题实践活动形式，发挥传统文化的德育功能

笔者经过多年的实践探索，以综合实践活动课程为依托，以传统文化传承为主线，在充分发挥主题实践活动的育人功能方面积累了一些经验。

一、创新传统文化传承的教育模式

（一）创设德育、传统文化、综合实践活动融合与创新教育模式

通过实施综合实践活动课程，引导学生了解优秀传统文化的历史渊源、发展脉络、精神内涵；开展主题明确、内容丰富、形式多样的教育活动，创设三融创、实践育人的教育新模式，促进学生形成良好的思想品德和行为习惯，实现传统文化的有效传承。例如，选取国务院公布的第四批国家级非物质文化遗产代表性项目名录中的龙岩传统文化——采茶灯开展活动。课题实验学校龙岩市松涛小学确定“我是‘采茶灯’小传人”为综合实践活动主题，开展考察探究，充分理解、认同家乡这一传统文化，并乐于传承；深入社区了解采茶灯的特点、保护现状，并访问传承人，讨论传承和保护的方法、措施和建议；学唱采茶歌、学跳采茶舞。通过开展系列实践活动，引导学生通过探寻在生活中全面了解采茶灯，在实践活动中充分感受采茶灯这一非物质文化遗产面临传承挑战的危机感，从而增强传承采茶灯的责任意识，提高学生人文素养，最终实现育人目的。

（二）提炼“6环节”模式，实施德育教育

提炼“选择主题—制订计划—实践活动—总结汇报—拓展提升—体验服务”6环节模式。选择主题及制订计划时，可以根据指导纲要进行讨论、修改，从而形成较为丰富的闽西传统文化主线、主题，如“龙岩‘龙文化’的探究”“汲取客家土楼文化精华培养社会主义核心价值观”“以研学旅行为载体，传承与创新永定客家文化

主题实践”“唱响客家祖训家规”等。具体来看,学生可以先后两次开展实地实践活动:第一次前往现场开展实地实践活动,回来后进行总结,组织召开一节主题班会课,小组讨论并汇报参与传承传统文化的具体方案。然后再次前往现场,开展第二次实践活动,为传承和保护传统文化共同努力。

通过这些实地实践活动,学生获得亲身参与研究探索的体验,形成对家乡传统文化认识的积极态度和情感;在了解传统文化中学会自主发现和提出问题,收集、分析和利用信息,解决问题;学会交流和分享获取的信息、创意及成果,提升团队精神和合作技能;学会关注家乡传统文化,形成社会责任心和使命感。

二、结合闽西传统文化开展德育主题实践活动

闽西红色文化、传统文化资源丰富,能为综合实践活动、中小学德育教育提供充足的主题资源。如:古田会议、才溪乡光荣亭、蛟洋文昌阁等红色文化,客家土楼、冠豸山、连城培田古民居、闽西十大经典等民俗文化。我们以闽西红色文化、传统文化的传承为载体,创新德育主题实践活动,让学生走出校园,拓展视野、丰富知识、了解社会、亲近自然、参与体验;引导学生了解闽西红色文化和优秀传统文化,增强文化自觉和文化自信,并通过让学生亲历感悟、实践体验、行动反思等方式,提升德育教育的实效。

(一)设计闽西传统文化传承与创新活动主题

主题设计是有效开展主题实践活动的基础和关键。为此,我们注重教师指导,组织教师开展交流、研讨,对各示范校初拟的主题进行集体研讨、修改。此外,我们还开展“雅慧”主题实践活动,围绕家乡传统节日开展德育主题实践活动,如“家乡善文化的传承与发扬”主题实践。

(二)实施闽西传统文化德育主题实践活动

按照“6环节”德育教育模式实施的主题实践活动富有成效。

如永定是“客家故里”,也是福建重点侨乡,永定胡文虎小学是以著名华侨名字命名的学校。该校六年级学生开展了“传侨乡文化,扬客家精神”的主题实践活动。在教师的指导下,选取永定华侨“开拓进取”“崇文重教” “爱国爱乡”为探究主题,学生们通过上网搜集、小组探讨形成探究计划,开展广泛的实践活动,前往侨育中学、侨钦中学、侨办、知名华侨老家——永定下洋中川村等地实地考察。探究活

动结束后，学生小组对活动情况进行总结，为主题班会课做好充分的准备。主题汇报会上，“开拓进取”组的学生们介绍了永定华侨在异国的奋斗史，同时表演了知名华侨创“万金油”的小品；“崇文重教”组的学生介绍了搜集到的永定华侨捐资助学的事迹，讲解了华侨所受的客家传统教育，以及客家人有关劝学的童谣、谚语；“爱国爱乡”组的学生们介绍了永定华侨爱国爱乡事迹，充分展现华侨对祖国的赤子之心。主题汇报结束后，学生们接着思考如何更好地传承华侨爱国爱乡精神。有小组学生代表写给政府一建议书，提出希望政府多方面提供更多宣传华侨爱国爱乡精神的渠道，让年轻人学习；另有小组写信给知名华侨的女儿胡博士，表达学生们对胡博士捐资兴建小学的感激之情，邀请胡博士回家乡，一起分享家乡近几十年来的发展盛况；还有些小组到社区宣传华侨爱国爱乡精神。

学生通过开展对闽西传统文化的考察探究，经历了查阅资料、参观访问、考察探究等活动，进而学会如何通过采访、调查、考察等形式了解传统文化，同时增长了知识，汲取了营养，增强了文化自信，实现了文化传承。

三、发挥传统文化实践育人功能的建议

（一）组建教师队伍，践行传统文化实践活动

学校成立领导小组，规划德育主题实践活动，培养部分行政管理人员及教师（尤其是班主任），使其能够运用综合实践活动课程的理念设计德育主题实践活动，能够利用主题实践活动实现独特的育人效果。

（二）结合研学课程，挖掘传统文化德育内涵

研学旅行是考察探究的重要形式。教育部等11部门印发的《关于推进中小学生研学旅行的意见》提出，要将研学旅行纳入中小学教育教学计划。广大中小学生能在研学旅行中感受祖国大好河山，感受中华传统美德，感受革命光荣历史，感受改革开放伟大成就。因此，学校可以充分开发各种传统文化教育资源，在设计研学旅行活动时，避免只让学生简单地参观和听讲解，应安排更多实践性活动，帮助学生将书本上的传统文化知识与现实生活联系起来。引导学生在出发前确定主题，制订计划，带着问题去旅行，在旅行中开展考察探究，回到学校后，完成其余的环节。

(三)形成制度保障,推动传统文化实践活动

传统文化传承与主题实践创新要经历考察探究,在此过程中应注意做好以下七点:一是学校相关教师要对当地的传统文化进行全面了解,选择优秀传统文化以设计德育主题实践活动;二是形成制度保障,即形成相应的管理机制、保障机制、评价机制;三是要做好前期的准备工作,制订活动方案、后勤保障方案、安全预案;四是学校多部门齐抓共管,校长总负责,教务处负责安排教学时程,教师对学生实践活动进行指导,学生形成并带着问题去旅行,同时政教处负责规划实践活动、主题汇报的展示,团委负责体验服务的规划;五是做好活动后的总结交流反思活动,通过该环节让学生畅谈感想,达到德育目的;六是开展主题实践活动的成果展示,以此为契机,交流研讨,共同进步;七是进行拓展提升,鼓励学生参加志愿者服务,升华德育的实效性。

感受客家风韵　培育文化气质

客家，是汉民族中一支重要而特殊的民系。客家人遍布五大洲80多个国家和地区，成为当今世界大家庭中的一支重要力量。客家文化是中华民族传统文化中的重要组成部分，是客家人共同创造的物质文化与精神文化的总和，包括语言、戏剧、音乐、舞蹈、工艺、民俗、建筑、饮食等方面。客家文化既继承了古代中原汉族文化，又融合了南方土著文化，具有鲜明特色，其基本特质是儒家文化，有“古汉文化活化石”之称，在传承和发展过程中给予客家人奋发向上的动力。

一、客家文化的德育内涵

客家文化保留了较丰富、较完整的汉民族传统文化，包括相应的语言文字、文学、治国兴家的主张和思想、忠孝节义的礼俗道德以及宗教信仰等，体现出它是对中华民族传统美德和伟大精神的继承。客家人在不断迁徙的过程中形成了不怕吃苦、坚韧刚强、开拓进取和团结奋斗的客家精神。

（一）客家精神为中华民族优秀文化的发扬光大助力

客家人坚韧不拔、勇敢拼搏、团结进取、艰苦创业、自强不息，砥砺出令世人瞩目的客家精神。客家精神传承了中原文化古风，渗透了往南迁徙途中所经历的艰难曲折，融合了为适应新的生存环境所经历的磨炼，吸收了南方土著族群的文化精华，通过漫长的历史整合、兼容、创新，孕育了客家人慎终追远、仁爱诚信、崇文重教、开拓进取、兴家报国的特质。这种特质，对中华民族大家庭的发展壮大和中华民族优秀文化的发扬光大，产生了积极的影响。通过学习客家迁徙历史、客家城郭建设、客家语言、客家族谱、客家建筑、客家民俗、客家信仰等客家知识，可以感受“忠孝节义”“耕读传家”“敦亲睦邻”等家规家训，进而弘扬以团结和奋进为主旋律的客家精神。

（二）家规家训是客家传统家庭教育的重要内容

家规家训是客家人不灭的心灯。家训,是中国传统文化的重要组成部分。

继承和弘扬中华优秀传统文化,培养和践行社会主义核心价值观,是摆在我们面前的一个历史性的重要任务。中华民族自古以来就重视“家”。“国”和“家”紧密相连。家规家训是治家教子、修身处世的重要载体。在家庭教育的实施过程中,家训占有十分重要的地位。

以往,家族为了维持必要的制度,拟定一定的行为规范来约束族人,或在家谱中记录治家教子的名言警句,成为“修身”“养家”的典范。

家训之所以为世人所重视,因其主旨推崇忠孝节义、教导礼义廉耻。以“整齐门内,提撕子孙”为目的的家训,历来受到重视,并成为中华民族传统文化宝库中极具特色的部分。

客家人尊祖敬宗,崇文重教,秉承中华文化“孝悌、忠信、礼义、廉耻”八德,并把相关内容以家规家训、楹联或诗词等形式记载在族谱上,题写在宗祠里,镌刻在土楼门厅间……一诗一联、一字一句,洋溢着浓浓的家国情怀,成为世世代代客家人的心灵航灯,濡养出千年客家好家风。

二、汲取客家文化德育养料的策略

客家文化内涵丰富,也是中华文化根深叶茂、博大精深的具体例证之一。我们可以引导学生针对客家方言、客家文学、客家艺术、客家习俗、客家建筑进行探索,汲取德育养料。

（一）挖掘客家文化的教育资源

通过开展追寻客家名人足迹、探索客家民间艺术、体验客家习俗等活动,进一步了解客家文化的内涵。

1. 客家名人调查活动

近现代以来,客家人涌现出一大批革命先驱,他们在中国和世界的历史舞台上留下了一幕幕惊天动地的英雄壮举,写下了不朽的历史篇章。我们可以结合各地的客家人事迹,开展家乡名人调查活动,进一步了解他们热爱祖国,热爱家乡,为民族的解放、祖国的富强、人民的幸福等目标勇敢拼搏的精神。比如永定是客家人重要的聚集地和集散地,又是全国著名的侨乡。永定人具有客家人典型的勤劳、善良、质朴、智慧、进取等优良品质。永定土楼,闪烁着客家人智慧的光芒,让世界为之惊叹,是客家人的骄傲。20世纪前后100多年之间,居住在海内外的永定儿女中涌现出许许多多在经济、政治、军事、文教、科技等方面卓有成就的精英,如老一辈革命家张鼎丞、爱国侨领胡文虎、著名科学家卢嘉锡等都是永定客家人的杰出代表,也是客家人的骄傲,值得我们探究、学习。

2. 客家民间文艺探索活动

民间文学是客家文学的瑰宝,它的种类有传说、故事、寓言,也有山歌、童谣等。客家海外华人亦将客家山歌作为思念乡土、回忆乡情的一种寄托。客家民间艺术则有戏剧、舞蹈、音乐、民间工艺等。其中戏剧以闽西汉剧和提线木偶最为著名。民间工艺有陶瓷、制画、竹编等。可以广泛开展客家山歌我传承、唱客家童谣等实践活动,感受客家劳动人民的生活和思想情感。

3. 客家习俗体验活动

客家人常常会忙里偷闲,在农闲期间开展一些习俗活动,如“游大龙”、“走古事”、春节贺岁贴春联、正月十五闹元宵、端午裹粽划龙船、中秋赏月吃月饼、重阳登高放风筝、过年舞狮舞龙灯等。学生们通过体验这些习俗,感受人民群众祈盼国泰民安的愿望。还可以举办客家山歌大奖赛,开展“土楼神韵”文艺晚会,学习客家楹联文化,制作客家美食,开展志愿服务——如开展“我是客家土楼小导游”实践活动,让学生深层次地了解土楼,做土楼传承的传播者。

(二)利用客家文化资源践行社会主义核心价值观教育

社会主义核心价值观教育是我们思想政治工作中重要且长期的任务之一,可以把具有地方特色的客家文化资源充分运用到社会主义核心价值观教育中,不断提高针对青少年教育的有效性。

1. 激发青少年的爱国主义热情

历史上,客家人爱国爱乡的精神十分突出,涌现出许多可歌可泣的爱国志士和民族英雄的故事。客家人深受爱国爱乡服务桑梓精神的感染,他们世代身体力行,投身于家乡和祖国的建设,这种精神与社会主义核心价值观中“爱国”的要求高度相符。

爱国爱乡服务桑梓的精神还使客家人拥有稳定健全的人格。历史上,客家人曾多次表现出保家卫国宁死不屈的大无畏精神,特别是他们曾在闽西这片红色土地上积极参与伟大的革命实践活动,正是由于这种英勇刚毅精神的传承,闽西地区极其重视国防教育和时事政策教育,也重视对年轻一代的良好身体素质的塑造和培养。

发掘和利用具有爱国主义教育意义的闽西客家文化资源,有利于激发青少年的爱国热情、对祖国荣誉和尊严的强烈自豪感、对祖国发展兴盛的责任感和义务感,激发对践行社会主义核心价值观教育的热忱。

2. 发扬艰苦奋斗精神

客家人世世代代保持着勇敢拼搏的品质,艰苦奋斗及开拓进取也是客家人重要的特征之一。族中老人常常讲述客家先贤奋斗并为后世子孙创下基业的故事。这些故事通过各种不同的形式被保存下来,被颂扬和传播。艰苦奋斗、自强不息被深深刻入客家人的思想观念中,使他们从小养成吃苦耐劳的精神。

上述文化资源不仅具有一般的激励作用,还能鼓励学生在平时的学习、工作、劳动中自觉践行社会主义核心价值观。客家文化资源可被载入书籍,或者也可以其他不同的方式呈现,进而服务于社会主义核心价值观教育。

三、运作文化资源,开发德育教育的路径

在知识经济时代,文化软实力对国家综合国力的提升有着重要价值。当前,建设社会主义文化强国是国家一项重要而紧迫的任务,而文化资源能对当地人民的教育发挥积极的影响力。

(一)建立德育基地

闽西地区是革命老区,这片红土地孕育了许多革命烈士,谱写了感人至深的英勇事迹。

要高效利用革命时期保存下来的红色文化资源。可以在烈士陵园、博物馆、革命斗争旧址等处挂牌建立德育基地。在德育基地内,以闽西当地红色文化资源为内容,开展爱国主义教育、集体主义教育和革命传统教育。

(二)优秀文化资源进校园

充分挖掘和开发当地可供利用的客家优秀文化资源。这些文化资源常常以文学艺术、风俗习惯、建筑遗址等形式表现出来。其中有些资源易被人忽视,要开发这些资源就需要教育者在生活中善于发现、挖掘优秀的文化资源,从而让优秀文化资源进入校园、进入课堂,特别是进入思想品德课和思想政治课。例如思想品德课

及思想政治课教师就可以挖掘利用当地的客家优秀文化资源作为德育素材。

通过系列探究活动,学生能对客家文化等优秀文化有进一步的了解,在这个基础上可以引导学生针对客家精神、客家优秀传统文化如何传承进行思考,进而开展更多实践活动。

基于闽西传统文化传承的主题实践活动探索与创新

由中共中央办公厅、国务院办公厅印发的《关于实施中华优秀传统文化传承发展工程的意见》指出，中华优秀传统文化蕴含着丰富的道德理念和规范，积淀着多样、珍贵的精神财富。传承发展中华优秀传统文化，就要大力弘扬自强不息、敬业乐群、扶危济困、见义勇为、孝老爱亲等中华传统美德，大力弘扬有利于促进社会和谐、鼓励人们向上向善的思想文化内容。

闽西是福建省最重要的三条大江——闽江、九龙江、汀江的发源地，是海内外客家人的祖地，还有永定土楼、秀美的冠豸山自然风光，河洛文化、客家文化也在这里相互融合。同时，闽西又是全国著名的革命老区之一，拥有宝贵的红色文化资源。尽管如此，围绕传统文化所开展的实践活动仍面临一些挑战，笔者因此进行了探索与创新。

一、现实问题

（一）传统文化的传承途径单一

许多学校只是组织学生参观、学习传统文化，没有引导学生进行深层次的考察探究，且较少开展实践活动，致使学生对于传统文化的了解、认识比较浅显，甚至于对本地的传统文化缺乏深刻了解，直接影响了传统文化的传承。

（二）课程资源的开发思路偏窄

综合实践活动是由国家设置，由地方和学校根据实际开发的课程。要搞好这门课程，需要因地制宜，结合学校的特点。经过各级培训，不少教师能开发一些相关课程资源，但是由于一些教师的资源开发思路偏窄，对挖掘地域文化、传统文化不够重视，以致于部分学校的综合实践活动课程资源较缺乏。

（三）德育主题实践活动低效

一些传统的德育教育活动常常以传授系统的道德知识为主要任务，存在不足：一是学生缺乏实践活动，没有直接参与探究或没有深入体验，因而没有自己真实的体会，仅靠枯燥无味的说教，是没有说服力的；二是有过多的机械式节目表演，过于形式化，耗时又低效；三是部分德育主题活动没有被赋予一定的文化内涵，缺乏生命力。

由于在传承传统文化教育方面存在以上不足，同时，我们认识到传承传统文化的意义和责任，因此，我们依托综合实践活动课程的实施，结合德育主题实践活动的开展，进行了基于闽西传统文化传承主题实践活动的探索与创新。

二、解决问题的过程与方法

我们以闽西传统文化的传承为主线，创新开展主题明确、内容丰富、形式多样的主题实践活动，引导学生了解闽西传统文化的历史渊源、发展脉络、精神内涵，促进学生形成良好的思想品德和行为习惯，增强学生的社会责任感、创新精神和实践能力；结合闽西传统文化发挥主题实践活动的德育功能，促进中小学学生深入理解和践行社会主义核心价值观，提升德育教育的实效性。经充分分析、研讨，我们按照“试点引领、区域推进、提炼推广”的路径，组织开展了区域性的探索实践。

（一）试点探索：优化远足活动，使其成为传承传统文化载体

笔者在担任永定二中副校长期间，曾策划和组织远足主题实践活动。远足是连续的系列活动，其简要流程为：军训—远足—参与研究性学习（参观知青农场、革命遗址、客家土楼，考察调研三农问题等）—生存能力体验—篝火晚会—成果展示，以上是永定二中首创的特色实施模式。该活动以远足为载体，以生存能力体验、闽西传统文化主题实践活动为主要内容，让学生亲身实践、充分感悟，有机融入闽西传统文化的传承。从2005年起，永定二中每年组织一次远足，三个年段2000多人参加，每个年段的活动地点、活动主题各有不同：七年级是“走进西溪”，八年级是“走进金砂”，九年级是“走进土楼”。

本地丰富的红色文化及传统文化资源为活动的展开提供了方便。学生通过开展对这些红色文化、传统文化的考察探究，经历缅怀先烈、查阅资料、参观访问、考察探究等活动，不仅学会了如何以采访、调查、考察等形式了解红色文化、传统文

化,同时增长了知识、汲取了营养,增强了文化自信,实现了文化传承。结合闽西传统文化开展的远足活动成效显著,其成果在省、市获得系列奖项。远足主题实践活动已历经10多年,视频案例荣获全国一等奖,在部分省、市开设了20多场经验推介讲座,产生了积极反响,起到了很好的示范引领作用。

(二)区域推进:创设"闽西传统文化"主题实践活动,开展传承传统文化的新探索

笔者通过"一点、两线、四面"——"点线面"联合驱动的区域推进模式,并注重综合实践活动课程实施与传承传统文化的有机结合,逐步构建了以本土传统文化为主题的实践活动内容框架,全面推进综合实践活动课程的常态实施,相关案例在省、市比赛中获得好成绩。

"点线面":"点":以实验学校项目"闽西传统文化传承与创新主题实践"为点,组建研究团队,合力开展研究。"两线":以"市培""省培""国培"三级培训为主线,以送教下乡为辅线,两线协同,夯实综合实践活动常态实施的基石。通过"三级"培训促进骨干教师队伍建设,组织全市100名班主任参加省级培训,建设闽西传统文化传承与创新主题实践活动的团队。通过送教下乡,提升农村教师素质,带动薄弱学校主题实践活动有效开展。"四面":以"制度、组织、教研、实践"为四大改革层面,搭建综合实践活动课程规范化常态实施体系。制度层面:加强整体指导,出台管理制度;组织层面:发挥市教科院(普教室)综合实践活动课程学科组和市教育学会综合实践活动专业委员会的作用;教研层面:抓好"三研",即以赛促研、联动教研、专题精研,逐步形成"指定专人—同课异构—建设团队—校本研讨—网络教研—现场观摩—反思调整"的联动教研模式,提升教研实效;实践层面:结合闽西传统文化,有效开发课程资源,丰富活动形式和内容。

(三)提炼推广:以闽西传统文化为载体,实施三融创及6环节"222"板块模式

有了永定二中远足主题实践活动的示范引领,在本区域推进综合实践活动课程实施的同时,我们以闽西传统文化的传承为载体,结合研究性学习,创新德育主题实践活动,让学生走出校园,拓宽视野,引导学生了解闽西优秀传统文化的历史渊源、发展脉络、精神内涵,增强文化自觉和文化自信,并让学生通过亲历感悟、实践体验、行动反思等方式促进拓展提升,进而提升德育教育的实效。

1. 实施三融创教育模式

实施该模式要以综合实践活动课程为依托，以闽西传统文化传承为主线，充分发挥主题实践活动的育人功能。

这一教育模式的具体实施，需要学校多部门协作推进。实施过程中有前期的多种准备和后期的总结指导，例如需要教务处组织一批能指导学生开展研究活动的(学科)教师，这是课程实施的重要方面；还需要政教处(德育处)组织学生参与实践活动，并在活动中结合社会实践、志愿者服务——这是德育工作的一部分；同时需要班主任组织学生对主题活动进行汇报，并进行点拨、指导；也可以创设主题班会，这种主题班会与传统的主题班会有质的区别，极具教育实效：学生通过对闽西传统文化的探究，有了自己的认识，可以结合实践活动谈感想、说体会。

上述以传承传统文化为主线的主题德育实践活动，更加贴近学生，真正“走进”社会，有效实现了认识传统文化与传承传统文化的结合。

2. 提炼6环节“222”板块模式

“6环节”是指“选择主题—制订计划—实践活动—总结汇报—拓展提升—体验服务”模式。其中制订计划过程中，学生会选择采用一些研究方法，如文献研究法、调查研究法等，其中调查研究法包括问卷、访谈、观察等方式。教师必须指导学生围绕主题设计问卷调查表、采访提纲，为实践活动做好充分的准备，以上可以称为准备阶段。第一次前往实地开展实践活动，回来后进行总结，组织召开有关第一次活动的主题汇报，学生汇报实践过程的基本情况、问题解决情况，进行反思和提出建议——以上是一节主题班会课，学生将他们探索实践中的所思所想在班主任、同学的点拨、建议下，转化为良好品德的形成和行为跟进。在这个基础上，教师进一步提出新的问题，将实践活动的成果应用到实际生活中，组织一次“我为传统文化做贡献”的主题班会课，请小组讨论汇报参与传承传统文化的具体方案，实现将从实践活动中获得的教育化作具体的行为跟进计划。“6环节”中最后一个环节就是开展第二次实践活动，将学生在活动中获得的成果进行推广、宣传、传承，让更多人一起为传承和保护传统文化共同努力。

需要指出的是，主题设计是有效开展主题实践活动的基础和关键。有关传统文化的主题包括：龙岩师范附小的“龙岩‘龙文化’的探究”，永定二中的“汲取客家土楼文化精华培养社会主义核心价值观”及“以研学旅行为载体，传承与创新永定客家文化主题实践”，漳平三中的“漳平畲乡风情录”“漳平传统文化的传承与创新主题实践活动”，龙岩莲东小学的“围绕家乡传统节日开展德育主题实践活动”，永定城关中心小学的“永定客家文化的传承与创新主题实践”,永定胡文虎小学的“永定侨文化的传承与创新主题实践”。

按照6环节“222”板块模式实施的主题实践活动富有成效,我们分别以活动案例、课堂教学、交流讲座等形式在全省研讨会上展示,引起较大的反响,获得了广泛的好评。

三、实践探索的主要成果

按照“试点引领、区域推进、提炼推广”的路径,我们进行了10多年的基于闽西传统文化传承的主题实践活动探索与创新实践:探索了基于德育、传统文化、综合实践活动融合与创新的闽西传统文化传承模式,并提炼出有效途径,取得较为显著的效果,具有一定的创新性和可推广性。

(一) 实践成果

1. 首创三种活动实施模式

(1) 远足主题实践活动6环节实施模式。

(2) 区域推进主题实践活动模式:“一点、两线、四面”的“点线面”联合驱动的区域推进模式。

(3) 6环节“222”板块模式:依据“选择主题—制订计划—实践活动—总结汇报—拓展提升—体验服务”这6个环节,外加2个方法指导板块、2个主题汇报板块、2个实践活动板块。

2. 构建三大有效实施体系

(1) 构建课程区域推进体系。通过区域指导、出台制度、发挥学科指导组和专业委员会的作用、以赛促研、联动教研、专题精研等举措保障区域课程的实施。形成《龙岩市综合实践活动课程的实施意见》。

(2) 构建区域课程评估体系。形成《龙岩市义务教育阶段综合实践活动课程的质量标准及评估意见》。

(3) 构建德育主题实践活动实施体系。形成《闽西传统文化研学旅行实施意见》。

3. 组建区域实施共同体

组建了六类区域教研共同体,即:“初中学生研究性学习规范实施”研究团队,“高中研究性学习常态实施”研究团队,“义务教育阶段综合实践活动课程的质量标准及评估”研究团队，市直、新罗城区线上线下联动教研团队，名师工作室团队，“闽西传统文化传承与创新主题实践活动”研究团队。

4. 开发大量课程资源

在2014年组织开展的综合实践活动课程资源开发比赛中，有多篇闽西传统文化案例收入《龙岩市综合实践活动课程资源开发案例汇编》。将主题教育活动与研究性学习相结合，开发了《客家祖训我传承》《传统节日我传承》《文明公约制定我参与》等10多个德育主题实践活动课程资源。多项“闽西传统文化主题实践活动”在省级说课比赛中获奖。

5. 完成多项省、市课题

完成了福建省教育科学2014年度规划课题“义务教育阶段综合实践活动课程质量标准及评估研究”，福建省基础教育课程教学研究立项课题“构建薄弱学科联动教研O2O模式”，2016年福建省中小学德育建设示范项目“开发闽西传统文化资源，创新德育特色主题实践”，以及市级课题“初中学生研究性学习领域基本规范实施研究”“高中研究性学习常态实施研究”等。

（二）理论成果

1. 主编出版了多本著作。结合有关闽西传统文化的主题实践活动案例，主编出版了《龙岩市中小学研究性学习教师指导手册》等著作。

2. 主持的“闽西传统文化的传承与创新主题实践”项目被评为福建省中小学德育建设十佳示范项目。

3.《开发闽西传统文化资源　创新德育特色主题实践》被收入《立德树人的福建探索——首批福建省中小学德育建设示范项目》。

4.《闽西传统文化的传承与创新主题实践》被评为全国中小学德育工作优秀案例。

5. 编撰了优秀案例集和研究成果集，包括《龙岩市综合实践活动课程资源开发案例汇编》《福建省德育建设示范项目成果汇编》。

6. 在国内刊物上发表20余篇论文，汇编了多册论文集，包括市级汇编论文集《〈高中研究性学习的常态实施研究〉〈初中学生研究性学习领域基本规范实施研究〉论文汇编》一册、市教育学会论文集多册。

四、效果与反思

(一) 效果

1. 基于三融创的闽西传统文化传承与创新主题实践活动,是《中小学德育工作指南》《中小学综合实践活动课程指导纲要》《关于推进中小学生研学旅行的意见》等文件精神有效贯彻落实的成果。

2. 形成若干可操作的主题实施框架,便于基层一线教师的操作,如远足6环节“222”板块模式:“选择主题—制订计划—实践活动—总结汇报—拓展提升—体验服务”这6个环节,外加2个方法指导板块、2个主题汇报板块、2个实践活动板块。

3. 培养了一批学科名师、德育骨干,为全市综合实践活动课程、德育课程、传统文化传承培养了引领力量。

4. 促进一批学校特色发展。永定二中、龙岩一中分校、新罗区莲东小学、龙岩师范附小、永定胡文虎小学、龙岩松涛小学、龙岩师范附小分校等均结合本校实际,创新闽西传统文化主题实践活动的开设形式,将这一课程办成特色课程、亮点课程。

5. 承办了一次省级培训。2017年6月,由省教育厅组织、福建省教育学院承办的初中班主任(龙岩班)培训中,指导老师开设了“客家土楼楹联唱响社会主义核心价值观”观摩课,该课围绕“如何结合闽西传统文化传承创新主题实践活动”展开,给了与会的100名班主任很好的诠释,笔者还应邀作了主题为“结合传统文化设计德育主题实践活动”的讲座。

6. “龙岩经验”得到推介、辐射。2017年12月,福建省综合实践活动年会在龙岩召开,会上展示了“闽西传统文化传承与创新主题实践活动”的系列成果。

(二) 反思

用综合实践活动课程的理念设计闽西传统文化的主题实践活动还有待完善;兄弟区域传统文化的主题实践活动实施经验值得借鉴,以丰富本项目实践内容;成果推广应用有待进一步研究展开。

闽西传统文化的传承与创新主题实践项目实施

一、项目建设总体情况

该项目是在2016年作为福建省中小学德育建设示范项目立项的“开发闽西传统文化资源,创新德育特色主题实践”的基础上调整而成的。针对前期研究存在的一些问题,该项目进行了调整。2017年8月,其被确定为福建省中小学德育建设“十佳”示范项目。

(一)项目目标

总目标:以德育、传统文化、综合实践活动融合与创新的模式,让学生深入理解和践行社会主义核心价值观,充分达成立德树人的目标;结合综合实践活动课程的特点,立足于闽西传统文化主题实践活动,将主题实践活动引入主题班会,创新主题班会的形式,提升班级德育的实效性;基于主题实践活动,对闽西传统文化、世界文化遗产等资源进行探索、实践和整合,研学旅行与学校课程、德育体验、实践锻炼有机融合,创新德育形式,以此为契机推动全省德育活动的开展。

具体目标:凸显“立德树人”的文化育人功能,以闽西传统文化为载体打造具有学校特色的校园文化,引导学生了解家乡的历史文化、自然环境和发展成就,培养学生爱祖国、爱家乡的感情,树立维护祖国统一、加强民族团结的意识;强化实践育人,推进校内外实践教育有机衔接——建立校内外结合的实践课程体系,形成学校教育与校外教育有效衔接、学科学习与实践学习有机结合的育人机制;创新学校课程设置,加强课程规划和建设,有计划地开发建设富有学校特色、学生喜爱的校本课程,为学生提供更多自主发展的空间;实现用综合实践活动课程的理念设计德育主题实践活动。

(二) 内容选择

由笔者主持开展的"闽西传统文化传承与创新主题实践"的研究,由如下几个实验学校参与项目实施研究:永定二中、漳平三中,龙岩松涛小学、龙岩师范附小分校、龙岩莲东小学、永定区坎市中心小学、永定区城关中心小学、永定区胡文虎小学。各项目实验学校分别围绕各自的子项目开展实施研究,其子项目分别是:

初中组:

汲取客家土楼文化精华培养社会主义核心价值观(永定二中)

漳平传统文化的传承与创新主题实践活动(漳平三中)

小学组:

基于学校特色传统文化的德育主题实践活动(龙岩松涛小学)

依托闽西传统节气,开展"雅慧"主题实践活动(龙岩师范附小分校)

围绕家乡传统节日开展德育主题实践活动(龙岩莲东小学)

家乡善文化的传承与创新主题实践(永定区坎市中心小学)

永定客家文化的传承与创新主题实践(永定区城关中心小学)

永定侨文化的传承与创新主题实践(永定区胡文虎小学)

结合以上子项目,我们聚焦以"采茶灯"文化、节气文化、家乡传统文化、家乡侨文化、家乡善文化、客家土楼文化为主线的系列校本课程的研究,力求通过这套教程和综合实践活动课程,引导学生了解闽西优秀传统文化的历史渊源、发展脉络、精神内涵;开展主题明确、内容丰富、形式多样的教育活动,促进学生形成良好的思想品德和行为习惯,实现传统文化的有效传承,创设三融创、实践育人的教育新模式。

(三) 项目实施方式方法

我们采取了"整体规划、节节推进、重点突破、阶段总结"的思路。实施前采用问卷调查法了解现状,分析并明确项目实施方向;实施中采用行动研究法;实施后,注重课堂教学的总结,资料整理,编写闽西传统文化的传承与创新主题实践学生用书,以及将研究成果在全市推广。

我们还以班级为单位,以小组活动为主要形式,采用以下具体的活动方式:

1. 考察探究:从闽西传统文化中确定实践主题,在观察、记录和思考中,主动获取知识,分析并解决问题;进行野外考察、社会调查、研学旅行等,发现并提出问题—提出假设、选择方法—研制工具—获取证据—提出观点—交流、评价探究成果—反思和改进；

2. 社会服务：参与有关闽西传统文化的社会活动—明确服务对象与需要—制订服务活动计划—开展服务行动—反思服务经历，分享活动经验；

3. 体验活动：结合闽西传统文化相关内容，开展体验活动，选择情景—实际操作—总结、反思和交流经历过程—概括提炼经验，行动应用；

4. 成果展示：将前期的活动成效转化为一定的物化成果；

5. 拓展提升：参加志愿者服务，传承闽西传统文化。

（四）项目操作模式

项目操作模式我们采用："以综合实践活动课程为依托，以闽西传统文化为主线，以德育实践活动为形式"的三融创模式；"选择主题—制订计划—实践活动—总结汇报—拓展提升—体验服务"6环节，外加2个方法指导板块、2个主题汇报板块、2个实践活动板块。

（五）项目实施进程

该项目从2017年8月立项至2019年6月结项，约两年时间共分准备阶段、初步实施阶段、中期小结阶段、深入实施阶段、总结提炼阶段这五个阶段开展工作，前后组织大大小小的项目研究活动13次。项目含观课评课、研训结合，专家引领、同行互助，案例评比、教材编写，交流展示、成果提炼，活动内容丰富、形式多样，从子项目的选题立项指导到研究活动过程的阶段小结展示，再到最后成果的提炼指导，一步一个脚印。

（六）项目实施成效

闽西传统文化的传承与创新主题实践活动，既促进了闽西传统文化的传承，又丰富了综合实践活动课程、德育主题活动的开展，还培养了一批骨干教师，带动了一些学校的特色建设。两位项目教师被评为第二届龙岩市名师。在一师一优课评比中，取得1节部级优课、2节省级优课。赖顺英老师荣获省教师教学技能大赛三等奖，王芬老师的教学设计荣获省级一等奖，还有30多人次所撰写的教学案例或所制作的微课获得区级以上奖励。

项目培养了学生的综合能力。闽西传统文化课程资源依托综合实践活动理念进行开发，课程开发后，学生学习了研究问题的方法，研究能力得到明显提高，同时还培养了沟通协调能力、合作交往能力。项目不仅增进了学生对传统文化知识的了解，刷新了他们对传统文化的固有认识，培育了他们自觉传承优秀传统文化的意识，而且让学生更深刻地体验并感知到传统文化与当今生活的密切联系。

该项目的实施有利于促进《中小学德育工作指南》《中小学综合实践活动课程指导纲要》《关于推进中小学生研学旅行的意见》，以及《关于实施中华优秀传统文化传承发展工程的意见》等文件精神的有效落实，是一项具有多种综合效能的实践研究项目。

二、项目特色亮点

项目以总目标为主导，以具体目标为操作方向；以项目内容为主线，确定子项目的实践探索；项目管理思路明确，实施方法灵活多样；组建实施机构，进行顶层设计实现有序推动；推广实施有模式，阶段活动有梯度。

（一）操作层面

1. 以闽西传统文化为载体，用最亲近学生生活的地方资源开展德育主题实践活动，凸显立德树人的文化育人功能。引导学生了解家乡的历史文化、自然环境，增强学生的自豪感，发展学生的探究精神，提高学生的实践能力，推动学生继承和弘扬家乡传统文化。把围绕家乡传统文化开展德育主题实践活动作为学校德育的切入点和着力点，大力加强未成年人思想道德建设。

2. 以德育实践活动课程的开发实施激活学校整体课程建设。围绕一项传统文化，开展面向全体学生、符合学校班级特色的系列德育主题实践活动，给学生提供更多自主发展的空间，成为具有学校特色且在校园文化中不可分割的一部分。例如松涛小学整合综合实践活动、音乐、美术、科学、体育、语文及少先队活动、研学活动，形成独特的、多学科融合的综合性校本课程，并进一步形成了基于德育实践活动课程开发的研究实施策略、管理评价体系，以及主题单元式综合实践活动资源包。

3. 基于主题，深入探索，有机融合，多维创新。基于主题实践活动，对闽西传统文化、民族特色、世界文化遗产、历史名人、红色文化等资源进行探索、实践和整合，将研学旅行与学校课程、德育体验、实践锻炼有机融合，创新德育形式。例如，永定二中充分挖掘客家土楼文化中所蕴含的育人元素，以“弘扬革命精神，传承红色基因，探访客家文化”为主题走进松毛岭、中复村、汀州古城开展研学德育实践活动，还以“传承客家土楼文化”为主题，融土楼的楹联文化、祖训家规于班团队活动中，创新德育实践活动。

（二）理论层面

1. 探索出“课源—课堂—课程”的传统文化德育实践课程化的构建模式。以闽西传统文化为课程资源，以立德树人为目标设计教学活动，以系列教学活动为依托构建课程。

2. 探索出学科课程、活动课程、实践课程结合的德育课程体系。以闽西传统文化德育实践课程化为主线，打通学科课程，激活活动课程，提升实践课程。强化实践育人，积极探索校内资源与校外资源的融合途径，加强与地方传统文化德育实践基地联系，将学校教育与校外教育有效衔接，构建学科学习与实践学习有机结合的育人课程。

3. 探索出“确定活动主题—选择活动方式—设计活动课型”德育实践课程实施步骤。各学段或班级首先确定闽西传统文化活动主题，依据主题内容选择考察探究、设计制作、社会服务、职业体验等活动方式，设计选题指导、方法指导、总结汇报等不同的课型。

三、项目实践成效

一是项目组结合闽西传统文化，通过综合实践活动课程，引导学生了解闽西优秀传统文化的历史渊源、发展脉络、精神内涵，实现传统文化的有效传承。

二是培养出一支优秀的德育科研队伍，同时带动一些学校的特色建设并对教师的成长起到独特的作用。很多实验学校均培养了一支骨干教师队伍。众多教师热情参与培训，转变了教育观、课程观和教学方式，真正成为学生学习的组织者、促进者和指导者。

四是培养了学生的综合能力。闽西传统文化课程资源依托综合实践活动理念进行开发，课程开发后，学生学习了研究问题的方法，研究能力得到明显提高，同时还培养了沟通协调能力、合作交往能力。

例如龙岩师范附小分校的学生通过参加有关二十四节气的传统文化德育实践课程，完整体验了四季轮回之美，知晓二十四个节气的渊源礼俗，感受到天地之大美和谐，激发了对传统文化的自信，进而真正达成“知节气、晓礼俗 、明勤劳、惜五谷、有理想、懂感恩”的德育目的,这与核心素养所提到的“文化基础”“自主发展”“社会参与”等培养目标不谋而合。

五是学校统筹规划课程的能力提升,形成学校特色课程建设。龙岩松涛小学在开展子项目“基于学校特色文化的德育主题实践活动课程开发的研究”的过程中,开发了“走进采茶灯,争当小传人”德育主题实践活动,并分别聘请山歌戏传习中心副团长杨彩琼和“采茶灯”传承人黄淑霞老师为艺术顾问和艺术指导,广泛传播“采茶灯”文化。他们还成立了“采茶灯”艺术团,包含舞蹈队、合唱队、书画组、民族器乐演奏团及茶艺组,接下来将成立快板组和打击乐队。此外,他们将现代街舞、说唱艺术元素融入“采茶灯”,创编充满艺术性、洋溢着童真童趣的活动——“乐舞采茶灯”。在实践基础上形成的校本课程“走进采茶灯”被评为福建省中小学精品校本课程,将“采茶灯”与龙舟结合编排的舞蹈《龙·传》在市直教育系统庆祝教师节文艺晚会中荣获第一名,高炜老师执教的“茶语时光”获评部级优课。

龙岩师范附小分校的子项目“依托闽西传统节气,开展‘雅慧’主题实践活动”在实践研究过程中,结合校本课程“在节气的天空下成长”,通过调查采访、体验实践、研学旅行等形式,开展一系列丰富多彩的主题实践活动,对闽西二十四节气传统文化资源进行探索、实践和整合,将德育实践活动课程资源以“春之约”“夏之韵”“秋之慧”“冬之雅”大主题串联的形式进行长线设计,以年级为单位螺旋上升设计,着重创新德育形式,并以此为契机推动学校德育实践活动的开展。

诸如此类的德育主题实践活动项目,真正做到以学生喜爱的形式达到立德树人的目的,同时还传承并创新了当地传统文化,深受广大师生的喜爱。

拓展提升篇

综合实践活动作为国家设置、地方管理、学校开发内容的课程，在实践育人方面具有独特的作用与优势：它是从学生真实生活和发展需要出发，通过考察探究、社会服务、职业体验等方式，培养学生综合素质的跨学科实践性课程。因此，笔者所在的研究团队以综合实践活动为载体创设并开展德育式实践课程，使之为落实立德树人任务服务。围绕所负责的福建省德育建设相关项目，笔者及所在团队还以德育实践活动为主题，以传统文化为主线，以综合实践活动课程为依托进行了拓展提升。

2020年3月，中共中央、国务院印发了《关于全面加强新时代大中小学劳动教育的意见》，教育部随后印发了《大中小学劳动教育指导纲要（试行）》，这些文件的出台对劳动教育实施的常态化和规范化起到了重要作用。针对如何顺应国家政策要求，帮助学校更有效地开展劳动教育，进而发挥劳动教育的独特育人功能，笔者及所在团队在原有的研究基础上进行了一些有益的探索。

笔者及所在团队还重点学习了由中共中央办公厅、国务院办公厅印发的《关于实施中华优秀传统文化传承发展工程的意见》文件，结合综合实践活动是一门以培养学生核心素养为导向、以实际生活问题解决为抓手的跨学科实践性课程，进一步探索了综合实践活动在落实立德树人根本任务、传承中华优秀传统文化等方面的重要作用，并在此基础上对文化视角下综合实践活动的建构与实施进行优化提升。

此外，为落实《关于推进中小学生研学旅行的意见》和《中小学综合实践活动课程指导纲要》文件精神，笔者及所在团队努力探索了以研学为主线的传承传统文化主题实践活动，并将研学旅行作为考察探究方式，纳入学校教育教学计划，与综合实践活动课程统筹考虑。同期还开展了课题“学校综合实践活动课程规划与实施的研究”（2019年福建省基础教育研究课题），组织一些实验学校对课程规划进行研究，探寻研学实践教育的创新模式。

本篇围绕基于三融创开展的实践探索，阐述了实践式德育课程的内涵、设计与实施，综合实践活动课程的文化价值及文化视角下的实施路径，研学实践教育特点、课程实施策略及注意事项，还介绍了远足研学实践教育的案例、特点、实施路径及作用。

新时代实践式德育课程的设计与实施

新时代的中小学德育工作强调要将思想道德教育、文化知识教育、社会实践教育各环节相结合。综合实践活动作为国家设置、地方管理、学校开发的课程,是国家规定的必修课程,在实践育人方面具有独特的作用与优势。它是从学生真实生活和发展需要出发,从生活情境中发现问题,转化为活动主题,通过探究、服务、体验等方式,培养学生综合素质的跨学科实践性课程。以此为载体创设的德育实践课程是构建全面培养体系、落实立德树人根本任务的重要途径之一。如何开设好这门课程,发挥综合实践活动课程的德育功能是广大德育工作者所期盼了解和掌握的。

一、实践式德育课程的内涵

传统的德育课程常常以讲授系统的道德知识为主要任务,存在不少不足之处。以综合实践主题活动为主的德育课程称为实践式德育课程,是学生发掘德育资源,获得丰富实践经验的课程。其内涵是:通过引导学生参与实践活动,在融合道德知识与生活世界、生活经验的过程中,激起学生对人生、社会的思考,从而完善人格;有目的、有计划地安排这门课程的整个进程,设计学生将要学习的知识,通过身边的德育资源开展实践活动,达到润物细无声的境界,潜移默化地影响学生。

二、实践式德育课程的设计

培养学生综合素质是实践式德育课程的导向,发展核心素养是其主要目标。该课程引导学生在日常中学习生活、社会,或在与大自然的接触中提出具有教育意义的活动主题。该课程选择的内容要面向学生的个体生活和社会生活,使学生获得关于自我、社会、自然的真实体验,并在注重德育的基础上,建立学习与生活的有机联系。因此,设计实践式德育课程时,必须以新课程理念重构其目标、内容、活动模式及评价手段。

(一)目标设计

培养学生价值体认、责任担当、问题解决等方面的意识和能力是实践式德育课程的主要目标,可通过考察探究、社会服务及职业体验等活动方式来达成目标。针对不同学段及不同方式的实践活动所设计的目标是有一定的不同之处的,小学到高中的目标体现循序渐进。考察探究活动的目标设计侧重于问题解决,社会服务活动、职业体验活动的目标设计侧重于价值体认、责任担当。

就考察探究活动层面来说,小学强调将有兴趣的问题转化为小课题,能对问题有初步的解释;初中强调要运用科学的方法进行研究,能形成基本符合规范的研究报告;高中则除了形成报告外,还强调要提高解决实际问题的能力。

就社会服务活动层面来说,小学强调通过社会服务获得积极意义的体验,以及具有踊跃参与学校和社区生活的意愿;初中强调主动分享体验和感受,能形成对自我、学校、社区负责任的态度和社会公德意识;高中则强化对中国共产党的认同和情感培育,并提高主动服务、理解并践行社会公德的能力。

就职业体验活动层面来说,小学注重培养尊重别人劳动成果的意识和行为习惯,体会劳动创造幸福,学会感恩父母、师长;初中注重培养初步的生涯规划意识和能力,初步具备法治观念;高中则强调培养自身兴趣专长,提高生涯规划和职业选择的能力。

因此,在设计目标时,要根据学生学段、活动方式进行设计,如八年级的“参与禁毒宣传活动”是社会服务类主题活动,它的目标设计重点为:通过收集文献、采访专家、观看展览,获得有关毒品预防的知识;制作宣传手册,在社区进行“远离毒品,珍爱生命”的宣传活动,树立珍惜生命、远离毒品的社会责任意识。

(二)内容设计

实践式德育课程内容上的选择除了强调学生亲身体验外,还要求学生自定活动内容,提升自主规划和管理能力,充分体现课程的自主性、实践性、开放性、整合性和连续性特点。学生可根据实际需要选择相应的活动方式,设计具体的活动内容。除了参与党团队活动、参观场馆活动外,还可以有所创新地与考察探究、社会服务、职业体验相结合,通过开展研学旅行、社会考察、公益活动、志愿服务、勤工俭学等实践活动,寻找解决问题的办法。

比如,考察探究类的德育主题可以选择“节约调查与行动”“身边环境污染问题研究”“中学生使用电子设备的现状调查”等;社会服务类的主题可以选择“学习身边的小雷锋”“我是尊老敬老好少年”“我做环保宣传员”“社区公益服务”“走进敬老院、福利院”“做个养绿护绿小能手”及“来之不易的粮食”等。同时,也可以结合地域优秀传统文化,依托地方丰富而鲜活的传统文化资源,创设德育、传统文化、综合实践活动融合与创新模式,引领学生感悟自然,感悟历史与传统,感悟生活与社会。

此外,还可以将多种活动方式互相融合进行,如开展“交通秩序我维护”主题实践活动时,可以让学生先实地考察了解学校或家庭周边交通拥堵的原因,然后在容易出现交通拥堵的路口协助交警进行交通管理,劝阻不文明过马路的行人,提示行人注意交通安全,等等。这个过程既体现了考察探究、社会服务,又突出了当小交警的职业体验,不仅维护了交通秩序,还增强了交通安全意识和社会责任意识。

(三)模式设计

实践式德育课程常结合综合实践活动课程中的考察探究、社会服务、职业体验方式进行。

比如,实验学校的学生们结合家乡传统文化,选择主题,制订计划,开展考察探究、收集家乡历史文化典故、考察著名历史建筑、了解当地节日文化等方面的实地调查活动。接下来,开展制作传统美食、传承家乡传统文化等社会服务,并体验担任小导游、家乡环保小卫士等岗位演练。最后,作出总结。这样可以让学生充分理解和尊重家乡的传统文化,形成传承传统文化和历史的责任感。

(四)评价设计

突出发展导向是实践式德育课程的评价特点,在评价过程中,要注重对学生成长过程的观察、记录、分析,了解学生的个性与特长,为更好地促进学生成长提供依据。评价要包含以下几点:

一是过程性评价。过程性评价要求资料尽量翔实,充分反映学生在活动过程中的整体参与情况。同时,要对学生参与活动的过程材料进行深入分析和研究,改进后续活动。

二是总结性评价。它是评价的显性成果。不同的活动要采用不同的评价方式,比如,对于考察探究类的主题,教师应以研究报告、获奖证书、体验反思和其他相关研究成果等作为依据进行评价;对于社会服务类的主题,教师应构建自评、互评、师评、社会评等多元评价体系,形成合理、客观、系统、积极的评价机制;对于职业体验类的主题,教师可根据学生提供的职业体验活动计划、职业体验报告、职业体验反思小结等材料,对学生职业体验活动的收获进行评价,记录评价结果。

三是知识技能性评价。比如,考察探究类活动可依据成果汇报、答辩等进行评价;社会服务类活动可在学生自评、互评的基础上,结合服务单位的反馈情况进行总体评价;设计制作类活动可以结合实践操作技能进行评价;职业体验类活动可以结合学生的职业体验报告进行综合评价。

三、实践式德育课程的实施

在实践式德育课程实施的过程中,教师要鼓励学生根据从自身成长的需要确定主题,主动参与实践活动并践行价值信念。

(一) 实施要点

学校作为实践式德育课程规划的主体,首先,应成立课程管理小组,担负起课程规划与管理等方面的责任,并充分发挥少先队、共青团以及学生社团组织的作用,对课程进行整体设计,制订课程实施方案,还要将有关的专题教育纳入实践式德育课程的范畴。其次,确定课程的内容和课时,安排学校教职工参与、分工合作,并根据具体活动需要安排好课时;同时培养教师(尤其是班主任)和行政管理人员,形成一支高素质、能够开发德育课程资源、具有学校特色的德育资源建设团队。再次,确定组织方式和评价手段,以小组合作方式为主,分准备阶段、实施阶段、总结阶段,落实教师的指导,结合平时师生参与活动的情况,开展科学的评价。最后,不断调整推进机制,促进实践式德育课程的规范、有效实施,并将成果应用推广,营造辐射面更广、效果更佳的育人氛围。

(二) 实施步骤

实践式德育课程的实施步骤,可以按照一种活动方式进行,不同的方式选择不同的步骤,比如,考察探究类的主题按照确定主题—制订计划(选择方法、研制工具)—获取证据—交流成果—反思及改进等步骤实施;社会服务类的主题按照了解服务对象的需求—制订计划—服务活动—反思及分享经验等步骤实施;职业体验类的主题按照选择职业—体验岗位—交流经历—行动应用等步骤实施。为了更好地达成活动目标,也可以将不同的活动方式整合进行。比如,高中生可选择“做个环保志愿者”主题，具体可通过以下步骤实施：步骤一：考察探究，收集环境污染及监测的资料，学习环境污染检测的方法；步骤二：考察探究，实地考察了解当地环境特点，现场取样，进行实验检测，并为相应的部门提供数据；步骤三：社会服务，开展保护环境、减少污染的宣传活动，发现破坏环境的行为及时劝阻；步骤四：职业体验，担任环卫工，体会其工作的艰辛，树立保护环境的意识和增强社会责任感。

（三）实施效果

开展实践式德育课程是新时期学校德育工作的新做法，需要学校各处室齐抓共管。教务处组织和指导教师学习开设综合实践活动课程的方法；政教处可以将传统文化的传承作为学校德育工作、素质教育、综合素质评定的载体；团委可以结合志愿者服务、社区服务，将德育工作落到实处；班主任通过实践活动达到育人的目的；学生从实践活动中得到亲身的体验和感悟，探求道德的行为方式。

近年来，实践活动中仍存在一些不尽人意的问题，如：校本开发过程中，一些学校难以协调各处室统筹规划相关课程，且受“应试教育”的影响，活动在时间上没有保障；对于以实践活动为主的德育课程，经过各级培训的教师们虽能开发一些与学科相关的课程资源，但不够重视开发本土的德育资源，致使综合实践活动课程资源较缺乏；教师研究、指导不够到位，一些学校只是单纯地组织学生参观，没有引导学生进行深层次的考察探究、社会服务及职业体验，且较少开展实践活动，总体效果还不是很理想。

中小学劳动教育常态化实施规范

为深入贯彻落实中共中央、国务院《关于全面加强新时代大中小学劳动教育的意见》精神，教育部印发了《大中小学劳动教育指导纲要（试行）》，进一步明确了劳动教育是什么、教什么、怎么教等问题。但是由于中高考的压力，难免出现对劳动教育认识上的偏差，导致学校劳动弱化、社会劳动淡化、家庭劳动虚化的现象，且传统劳动教育课程存在单一性、随意性等问题。劳动教育实施的常态化和规范化，有助于学校更有效地开展劳动教育，进而发挥劳动教育的独特育人功能。

一、规范劳动时间，确保必要的劳动体验

劳动时间有课内也有课外，统筹安排，规范劳动时间，可以推动劳动教育的落实。劳动时间规范后，学生对整体的劳动时间一目了然，学校领导也能够根据时间进行检查督促。总之，教师要能够做好相应的准备，布置好相关的任务，跟进管理学生劳动实践的时间和质量，从而让学生能按规定的时间做好劳动实践的准备工作。

（一）必修课与重大节日的劳动时间列入规划

《大中小学劳动教育指导纲要（试行）》强调中小学劳动教育课时每周不少于1课时，在课表中安排1节必修课的时间。兼顾重大节日的劳动时间也是相对固定的，比如将植树节、学雷锋活动日、端午节、重阳节等统筹列入规划之中，结合节日时间特点开展丰富的劳动主题教育活动。

（二）日常体验和集中劳动的时间分配

学校应针对不同学段的学生安排每周劳动时间，完成《大中小学劳动教育指导纲要（试行）》对中小学生每周课外活动和家庭生活中劳动时间的要求。同时安排

集中开展劳动周活动时间,确保必要的劳动体验。可利用这段时间,听取专业人士的专题讲座,学习一些劳动技能和劳动精神。组织专题演讲、劳动项目实践及劳动技能竞赛等活动,展示学生丰硕的劳动成果。

二、规范劳动课程,提高必备的劳动能力

根据《大中小学劳动教育指导纲要(试行)》精神,可以形成多主题并行、纵横交错的劳动教育课程内容。一是对于必修课的劳动教育内容,可在持续开展日常生活劳动教育,增强家庭责任意识、固化良好劳动习惯的同时,以生产劳动教育为主,并开展服务性劳动教育,让学生从中获得知识、技能,提高必备的劳动能力;二是结合校园文化、班队活动、综合实践活动课程,根据学生年龄特征选择合适的劳动教育主题,规范涵盖校内外的整体劳动课程,解决教什么的问题。

(一) 劳动教育与综合实践活动结合

劳动教育与综合实践活动课程都强调实践育人,综合实践活动课程的考察探究、社会服务、设计制作和职业体验这四种基本方式与劳动教育的主要内容有一定的重合性,可以将劳动教育中的生产劳动与设计制作、职业体验结合,将服务性劳动与社会服务结合。特别是劳动教育必修课实践环节与综合实践活动的社会服务、设计制作、职业体验重叠部分,可整合实施。

(二) 集体劳动与校园文化建设整合

将劳动教育中的生产劳动、服务性劳动与校园文化建设相结合,既丰富劳动体验,提高劳动能力,深化对劳动价值的理解,又能实现校园文化建设。如结合“植物栽培我能行”校园文化建设主题,每位学生种植 1~2 种常见农作物或花卉,观察它们的生长过程,掌握栽培的基本方法;使用简单的种植小工具,体验种植植物的快乐,增强与自然和谐相处的生态意识,并可以将学生的劳动成果在校园内展示,形成班级植物展示台。

(三) 服务性劳动与班团(队)主题活动融合

“我是校园小主人”“我是校园志愿者”“校园文化活动我参与”,通过这些活动,开展持续、有效、多样的校园志愿服务活动;开展班级、团队等多种形式的校园志愿活动展示交流;在重要的节日开展不同的服务活动,三月份开展学雷锋系列活

动——“学习身边的小雷锋”“社区公益服务我参与”,植树节开展“拥抱春天”“播种绿色希望”活动,五一劳动节开展最美劳动者采访实践活动,重阳节到社区或敬老院开展服务活动,如开展尊老敬老系列活动等。

(四)生产劳动与学校德育特色主题活动组合

劳动教育还可与研学实践活动、学校德育特色主题实践活动、优秀传统文化等相结合。比如有所实验学校的生产劳动课程是围绕非物质文化遗产“做采茶灯的传人”这个主题活动进行安排的。根据“采茶灯”的经典元素,该校结合学生的学习特点,融入音乐、美术、科学、体育、语文及研学活动等,进行有机的整合,形成多学科、多部门参与、以精品劳动教育为主的综合性校本课程“走进采茶灯”。

三、规范师资队伍,保障常态化课程实施

师资队伍建设是劳动教育课程常态化、有效实施的重要保障,解决了谁来教的问题。合理的师资队伍构成是规范师资队伍的重要内容。

(一)必修课教师队伍建设

学校对劳动教育必修课的时间、内容确定后,针对教师的配置,一是可以安排专业教师进行分阶段指导,比如“做农业科技宣传员”活动的前期可以安排生物学科教师指导学习相关农业科技知识,包括农业种植、养殖技术、农作物施肥技术要点、合理使用农药的技术、合理购买农用物资的方法等;后期的活动可以由班主任组织学生前往所在社区、乡镇,开展农业科技宣传活动和服务性劳动体验活动,进而增强学生的社会责任感和热爱家乡的情感。二是依据主题特点,安排有特长的教师进行指导,比如设计制作课程,可以安排一些擅长剪纸、插花、陶艺等技艺的教师负责教学,培养学生的动手能力和审美情趣。

(二)安全工作监管队伍建设

劳动教育除了必修课外,还有课外校外的劳动教育以及劳动周、重要节假日等不同时间的劳动教育活动。以上教育环境、劳动任务是否合理,要成立评估劳动实践活动安全的队伍,关注劳动任务及场所设施的适宜性,先期排查各种安全隐患。比如有些学校组织学生到户外开展生存体验活动,学生 10 人一组自己购菜、煮饭烧菜,这个过程中,学生的用火安全、食材安全、制作安全等各个环节的管理,都须

安排专人负责。还必须由专人制定安全、科学的操作规范制度,完善劳动过程的各个环节的安全预案。

(三)协同管理指导队伍建设

中小学劳动教育包含学习生活技能、生活自理能力等生活劳动,这离不开家长的指导,家长是劳动教育的重要指导教师,可通过家长培养孩子家庭责任感;也可以由学校班主任组织学生参加校园卫生保洁、垃圾分类处理、绿化美化等服务性劳动,到社区开展环保、公共卫生等力所能及的公益劳动;还可以聘请社区工作人员担任学生服务活动的技能指导教师;如果到农场或市级基地体验种植、养殖、手工制作等简单的生产劳动,则可以根据学校劳动主题的安排,聘请场地技术员担任指导人员。综上所述,可以构建由学校教师、家长、社区工作人员、技工技师协同管理的指导队伍。

四、规范劳动流程,养成良好的劳动习惯

劳动是人类基本的社会实践活动,是创造物质财富和精神财富的过程。劳动教育不仅要树立学生的劳动观念,还要培养学生养成良好的劳动习惯。

(一)选择规范的劳动场所

为满足学校多样化的劳动实践需求,对劳动场所的选择非常重要,要根据不同的劳动项目选择不同的场所。一定要选择安全、规范的场所,且其能满足不同学段学生的劳动特点。比如说小学可以重点安排学生在学校周边社区、公交站点、敬老院、公园等地开展服务性劳动,初中可以选择到农家开展一些生存体验类的劳动,高中可以到农田参与割稻子、种菜,或者到工厂参与实践活动。

(二)使用规范的劳动工具

确定了劳动场所后,要让学生掌握劳动工具的正确使用方法,这是劳动规范操作的重要前提。在讲解说明环节中,一定要强调劳动工具的规范使用,必须把问题讲清楚。学会规范使用工具后,学生可以进行简单的操作,做到注重细节,精益求精,在练习中强化劳动规范操作意识。

(三) 注重规范的操作环节

劳动教育教师不仅要掌握相关的劳动技能,还要认真备课,选择操作环节的规范时序,提高学习效率。如教学“我为家人做早餐——花样馒头 DIY”时,教师应事先准备好制作馒头的材料和工具,指导学生学习如何和面发酵、设计制作花样馒头、进行二次醒发馒头和上锅蒸制等动手实践活动,让学生体会到劳动的辛苦,培养热爱劳动的意识。实践中,很多教师采取微课的方式教授操作技能,学生跟着微课进行操作,这对于规范操作的教授是直观而有效的。

五、规范评价机制,树立正确的劳动观念

劳动教育要得到长效实施,关键是要建立一套科学评价体系和激励机制。其评价应从以学生发展为本的教育理念出发,关注每一个学生的全面发展、持续发展和终身发展,不仅要重视学生的学习结果自评、小组评价、教师评价、服务单位评价相结合的方式,还要重视对学生学习过程的评价。

(一) 体现劳动素养的综合素质评价体系

该体系结合劳动教育目标、内容要求,兼顾必修课学习和课外劳动实践,明确学生参加劳动的具体内容和要求,对劳动观念、劳动能力、劳动精神、劳动习惯和品质等劳动素养发展状况进行综合评定。评价时从发展性的角度探讨评定学生的劳动成果,对学生劳动的表现与进步,给予充分的肯定和鼓励,并将其作为学生劳动素养的评价要点,评价结果可记入学生综合素质档案,作为学生评优评先的重要参考。

(二) 探索与建构多元评价体系

学生劳动评价多元体系的建构,重点从评价主体、劳动类别、劳动时段等多方面进行。评价主体中教师、家长、校外指导人员等都可以担任评价者,在活动过程中要特别重视学生的自我反思,通过推动学生自我评价,提高他们自我教育的能力;评价内容也是多元的,把每学年开展的劳动教育项目和学生应掌握的劳动技能设计制作为各项劳动评价表,建立劳动清单制度,按照劳动类别进行评价。生产劳动部分的评价主要由学校组织,采取自评、小组评和教师评相结合的方式;家庭日常生活劳动主要是在家里完成,可以把自评、家长评与教师评价相结合;服务性劳

动主要是面向社会开展的劳动教育,可采用自评、服务对象评、小组评和教师评相结合的方式。评价时段可以有多项,如可分为不同学期、学年、学段,其中学段评价的结果是各学年评价的综合。总之,要结合不同主体、不同内容、不同时段的劳动教育以构建整体多元评价体系。

为更好地推动学校劳动教育工作,教育行政部门也应加强对规划工作的指导督促力度。学校在原有规划基础上,将劳动教育教师的职称评聘工作、教学教研工作的研究进一步统筹,创设劳动教育的良好局面,培育教学教研能手,将劳动教育常态化实施规范落实到位,发挥劳动教育的独特育人功能。

文化视角下综合实践活动的建构与实施

综合实践活动是一门以培养学生核心素养为导向、以实际生活问题解决为抓手的跨学科实践性课程,在落实立德树人根本任务、传承中华优秀传统文化上具有不可或缺的价值。但是,由于“唯分数论评价机制”及人才培养认识上的偏差,导致在课程实施中出现种种怪相,如课程实施形式化、不规范化,内容学科化、窄化,活动主题简单化、泛化,评价手段单一化等,影响了课程育人功能的发挥。2017 年 9 月《中小学综合实践活动课程指导纲要》的正式颁布,是该课程加强规范实施的里程碑,也凸显了中国教育正加强推动中小学生创新实践能力的提升。

一、综合实践活动课程的文化价值

综合实践活动是从小学一年级到高中三年级全面实施的必修课程,与其他学科课程并列开设,其总目标是:“学生能从个体生活、社会生活及与大自然的接触中获得丰富的实践经验,形成并逐步提升对自然、社会和自我之内在联系的整体认识,具有价值体认、责任担当、问题解决、创意物化等方面的意识和能力。”

(一) 实现价值体认目标

教育即教书育人,所有的课程都是围绕学生发展核心素养、满足立德树人根本任务而设置的,作为综合性课程的综合实践活动,自然不是仅以习得知识为根本目的,而是着眼于发展学生的综合实践能力、创新精神和探究能力的核心课程,为学生开辟面向生活、面向自然、面向社会的广阔空间,这与陶行知先生的生活教育理论是一致的。

适应学生终身发展和社会发展需要的必备品格和关键能力不是只靠课堂上听听课、写写作业就能具备的,而是要让学生融入社会、融入实际生活中去接受教育。而综合实践活动能做到真正打破教育藩篱,拆除鸟笼式学校,将社会当作一所开放的大学校，以学生的整个生活世界作为教材，学生日常的生活环境就是课堂，学生在实践活动中以身体之、以心悟之，实现其价值体验。

对体验到的价值进行梳理、分析，辨别并选择具有积极意义、适合自身发展的部分，这便是价值澄清过程；从价值的认知到价值的认同过程是价值的内化；经过内化后的价值要外显出来，指导引领实践的方向，这便是价值引领过程，也就完成了价值体认的整个过程。因此，在综合实践活动目标设计中，首先要考虑学生价值体认目标，使其树立正确的世界观、人生观、价值观，进而成为有理想抱负、责任担当的新时代学生。

（二）彰显文化育人功能

《中小学德育工作指南》提到：要依据学校办学理念，结合文明校园创建活动，因地制宜开展校园文化建设，如：建设班级文化，鼓励学生自主设计班名、班训、班徽等，增强班级凝聚力；推进书香班级、书香校园建设，调动学生阅读积极性。这些工作都是文化育人的举措，均可以开发成综合实践活动课例，如让学生自主设计班级文化、布置班级环境，营造一个和谐共生、积极向上的班集体；根据自己解决问题或发展的需要主动阅读，开展自主合作探究学习等。学生参与校园文化氛围设计，是综合实践活动实施很好的范例，既体现校园文化建设中学生的主人翁地位，又突出课程实施中学生的主体地位，彰显文化育人功能；校外综合实践活动的文化育人功能也不逊色，我国许多地区文化资源丰富、历史底蕴深厚，这都是综合实践活动很好的课程资源。比如：组织学生参观革命纪念地、历史博物馆、公益性文化设施、物质和非物质文化遗产地等。以上场所本身的历史文化就比较厚重，学生通过实践性学习，可接受历史文化的熏陶。也可组织学生到敬老院、残疾人康复机构等参加社会服务活动，开展服务性学习，使学生在活动中体验、感悟，培养学生关爱他人、回馈社会的责任意识，实现责任担当的目标。

（三）传承中华传统文化

中华传统文化源远流长、灿烂辉煌，积淀着中华民族最深沉的精神追求。在各种思想文化交流交融碰撞更加频繁的环境下，我们必须深刻认识到传承中华优秀传统文化的重要性，须做好文化传承，增强文化自觉和文化自信。中华优秀传统文化的内容包括讲仁爱、重民本、守诚信、崇正义、尚和合、求大同等核心思想理念。这些文化瑰宝均与学生的生活紧密相关，可以开发成综合实践活动课程资源，让学生在实践活动中体验传统文化的魅力,感知传统文化的精髓,感悟传统文化的思想,感受传统文化的教育。因此,综合实践活动是活化、传承与创新中华优秀传统文化的有力方式,两者具有相交共存、相互生成的关系,我们要不断挖掘传统文化的价值内涵,设计贴近学生生活的实践活动。将抽象的文化内涵形象化、具体化,便于学生理解、传承和保护。

(四)构建多元文化意识

文化的多样性创造了丰富灿烂的人类文明,不同地方的文化异彩纷呈,这决定了中华优秀传统文化的多元性。随着网络与信息技术的发展,不同文化之间的交流更加频繁,对人们的生活带来更大的影响。我们要通过综合实践活动课程的实施,唤醒人们对文化的自觉自信,实现文化之间的交流交融;要有多元文化意识,正确看待不同文化的价值内涵,始终秉承"取其精华、去其糟粕"理念,善于发现、挖掘蕴含在文化中的积极因素,对有利于社会进步、生活和谐、创新发展的文化必须加以弘扬,促进多元文化共生共存,在文化育人方面发挥互补效应。

二、文化视角下的综合实践活动实施路径

党的十八大报告指出:"文化是民族的血脉,是人民的精神家园。"我们要加强文化视角下综合实践活动的建构,深入挖掘传统文化及地域文化内涵,活化身边的文化资源,引导学生关注传统文化、思考现代文化,采用新媒体、新视角传承和保护文化,在文化自觉的基础上形成文化视角,充分发挥综合实践活动的文化育人与实践育人优势。

(一)丰富传统节日文化,开展主题教育活动

春节、元宵、清明、端午、七夕、中秋、重阳等中国传统节日文化内涵丰富,各地都有不同的纪念活动,并演变成节日习俗。但当下一些人的传统节日意识逐渐淡化,少数年轻人推崇西方节日,因此,必须开发与节日文化有关的综合实践活动,加强中国传统节日教育,提高公民的节日意识,传承中国优秀传统文化。可以利用每个节日的地方习俗活动,借助现代技术手段设计不同年级的主题教育活动,追求主题趣味性、内容递进性、活动连续性,让学生愿意参加活动、主动进行探究、了解文化内涵、铭记传统节日,进而将中国传统节日深深根植在学生的心里。

(二) 挖掘地域历史文化，开发研学旅行基地

每一处地方都有属于自己的故事，常年伴随着人们生活的历史文化遗产包括物质文化遗产和非物质文化遗产，比如：名城名镇名村、历史文化街区、革命文化纪念地、名人故居、自然景观等，它们都记录了这块地区的变化，我们应该通过综合实践活动课程对其加以传承和保护，设计研学旅行线路供学生和公民参观，在旅行中考察、考察中探究、探究中学习、学习中传承，并引导游客在文化旅游中感知中华文化的博大精深。例如：国家5A级旅游景区永定土楼，记录了客家文化的形成与发展；古田会议会址是红色旅游胜地，记录了在建党建军历史上具有里程碑意义的古田会议——体现党在理论和实践上创新的古田会议精神，是留给后人珍贵的精神财富，以上都是很好的研学旅行基地。

(三) 提升特色地域文化，发挥实践活动育人

地域文化独具特色，与该区域的自然环境共生共存。不同的地域往往有着不同的地域文化，这正是一方水土养一方人的真实写照，比如北方人饮食简单，多吃粗粮，南方人饮食比较讲究，常吃细粮，广东人喜欢喝早茶等，这些在特定环境下形成的传统、习惯、民俗等文明表现都可以归为地域文化。与人们生活息息相关的地域文化范围很广，有方言文化、饮食文化、民间信仰、民居建筑、家训家书文化、戏曲文化、民俗文化等，这些为综合实践活动提供了非常丰富的课程资源。我们要提升有特色的优秀地域文化，对其精心设计并开发贴近学生生活的课例，发挥实践育人、活动育人、文化育人的功能，让学生在参与实践活动中自我体验，感知文化内容，感悟文化内涵，提高文化自觉和文化自信。

(四) 打造多元校园文化，体现学生主体地位

校园是学生朝夕相处的学习生活环境，校园文化建设是文化育人的主要载体，但由于个体差异及成长目标的不同，决定了教育不能过度标准化，而是要打造多元的校园文化，让校园焕发出生机，起到文化育人作用，促进学生的个性化发展，培育有理想抱负、有创新思维、有责任意识的新时代人才。因此，要鼓励学生参与校园文化建设，引导学生思考，体现学生的主人翁地位。比如：校园文化广告语的创作、动漫设计、海报设计、微电影创作、校园卫生人人做的劳动教育、校园岗位一日体验活动、班级文化建设等。

(五) 学习传统礼仪文化,彰显文化育人功能

礼仪包括礼节和仪式,礼节一般是个人行为,而仪式是集体性的。礼仪有行动型的和非行动型的,如:在公共汽车上为老人让座是一种表示尊重的行动型礼仪,上课时不吵闹是一种对教师尊重的非行动性礼仪。在生活中,礼仪的范围很广,有服装礼仪、化妆礼仪、服务礼仪、社交礼仪、接听电话礼仪、餐桌礼仪、会议礼仪等,而且不同场合、不同时期、不同地域的礼仪也不尽相同,如婚礼服装礼仪,有些地方以红色为主,有些地方则提倡白色。这些礼仪文化都是中国传统文化不可或缺的组成部分。我们可以建构礼仪文化综合实践活动,让学生探究各种礼仪的由来、作用、发展等,领会礼仪文化的内涵,体验礼仪操作要领,在实践中感悟,使之成为彬彬有礼、讲究文明的新时代好学生,进而营造礼让宽容、友爱和谐的社会风尚。

(六) 活化科学技术文化,培养学生核心素养

拟题,即活动主题的选择是综合实践活动课程开展的关键环节,直接影响实践活动的效果。拟题要贴近学生生活,具有趣味性、科学性、实用性。活动主题的选择范围很广,但不管在什么样的主题下开展实践活动,都离不开科学文化知识,这种由继承性学习获得的系统化知识武装了我们的大脑,为实践活动起到指导作用。在参与活动中开展实践性学习,亲身体验获得感性认识,重新建构知识,将已有的知识内化为能力,发展核心素养——这种继承性学习与实践性学习构成了认知的双螺旋结构,指导综合实践活动课程的建设。要活化科学技术文化,转变学习方式,设计以问题解决为核心、学生全面发展为导向的综合实践活动,让学生利用现代技术手段,完成科学技术文化的内化,创意设计体现技术文化的新作品。

三融创研学实践教育课程的开发与建设

2016年底，教育部等11部门印发了《关于推进中小学生研学旅行的意见》，开启了研学旅行课程研究与实践的新阶段。该文件提出，各中小学要结合当地实际，把研学旅行纳入学校教育教学计划，与综合实践活动课程统筹考虑。2017年，教育部印发的《中小学综合实践活动课程指导纲要》进一步统筹了研学旅行和综合实践活动课程，将研学旅行定位为考察探究方式下与社会调查、野外考察并列的要素。国家希望通过广泛深入开展中小学研学旅行活动，在更大程度上实现传承优秀传统文化，重温光荣革命历史传统，树立民族自豪感和历史责任感，全面锻炼学生的自我管理能力、人际交往能力、沟通合作能力、体验探究意识等育人目标。也就是说，德育、传统文化、综合实践活动三融创目标达成是完成研学实践教育的最佳样态。

一、三融创研学实践教育的政策依据

教育部在2017年印发的《中小学德育工作指南》强调通过了解中华优秀传统文化和党的光荣革命传统，潜移默化地对学生进行世界观、人生观和价值观的引导。文件还指出，要结合传统文化以及重大历史事件、历史名人等，引导学生了解家乡的历史文化、自然环境、人口状况和发展成就，培养学生爱家乡、爱祖国的感情，树立维护祖国统一、加强民族团结的意识。

中共中央办公厅、国务院办公厅印发的《关于实施中华优秀传统文化传承发展工程的意见》提出，注重实践与养成、需求与供给、形式与内容相结合，把中华优秀传统文化内涵更好更多地融入生产生活各方面。文件要求各地充分利用历史文化资源优势，规划设计推出一批专题研学旅游线路，引导学生在文化旅游中感知中华文化。相关文件的共同指向，都是通过研学旅行实现传承传统文化，德育体验与实践锻炼。基于此，我们进行了三融创研学实践课程的开发与建设，即创设德育、传统文化、综合实践活动融合与创新的实践教育探索。

二、三融创研学实践教育的特点

研学旅行活动的本质与初衷是实践育人,从教育学的角度出发,应该称之为“研学实践教育”,是学校教育与校外教育合作衔接的创新形式和有效途径,更是校内书本教育教学内容向校外自然界和社会广阔天地的重要拓展与延伸。总之,它是校内外共同完成的一门课程,不是一般意义上的旅行。

(一)学校德育工作为主渠道

研学实践教育强调学思结合,突出知行合一,让学生在研学旅行中学会动手动脑,学会生存生活,学会做人做事,促进身心健康,有助于培养社会责任感、创新精神和实践能力,是学校落实立德树人根本任务、提高教育质量的重要途径。

(二)传承传统文化为主阵地

各地研学实践要根据研学旅行育人目标,依托自然和文化遗产资源、红色教育资源和综合实践基地等,让广大中小学生从中实地感受祖国大好河山,感受中华传统美德,感受革命光荣历史,感受改革开放伟大成就。通过研学实践,一方面了解家乡发展变化和国家历史常识,了解中华优秀传统文化和党的光荣传统;另一方面担负起守护、传播和弘扬中华优秀传统文化的职责。

(三)落实综合实践活动课程为主形式

研学旅行符合综合实践活动课程的基本理念及特征,因此不仅要体现其实践性特征,还要体现自主性、开放性、生成性特征。但是目前不少学校对上述特征的体现不够,仅仅统一组织学生参观考察,学生没有太多自主选择和探究的空间,更不要说生成新问题。研学中内容的设置要做到预设与生成相结合,要让学生自主选择活动主题,制订活动计划,亲身参与考察探究和体验活动,发现、分析和解决问题,发展实践创新能力。在开展研究过程中,学生会生成很多新的问题,教师要善于抓住每一个有价值的问题进行指导。还要将研学旅行和综合实践活动的其他活动方式有机结合,拓展学生学习的空间。在研学活动中设计多元化的目标和内容,设计更多实践性和体验性强的活动,如志愿者服务、职业体验、设计文化作品等,作为综合实践活动课程的重要内容。

三、三融创研学实践教育课程的实施策略

研学实践教育是活动课程，具备课程的一般属性，要有课程内容、课程目标、课程实施及课程管理。以学生兴趣和需求作为课程设计的轴心，突出学生的主体地位，课程要具有活动性和生成性，在注重结果的同时更应注重过程，还要发展学生的实践能力和良好的情感态度及个性。

（一）未雨绸缪，精心设计

要做好研学前的准备：对相关传统文化知识进行广泛深入的了解，选好研学主题；查找有关资料，备妥研学器材，列出研学计划和研学问题；进行提前预习、预研，带着课题去研学。学生应提交相关传统文化研学过程的真实记录，以及小组研究过程材料。研学结束后，每个学生要认真整理研学记录，形成研学成果进行展示。展示的成果可以是撰写的研学游记、研学心得、研学报告、研学论文，也可以是研学小制作、研学小发明、绘画、摄影、戏剧与表演、社会服务评价内容、职业体验报告等。

（二）统筹规划，共同推进

加强对传统文化研学教育实践活动课程的规划，打造研学精品线路：建立小学阶段以乡土乡情为主，初中阶段以县情、市情为主，高中阶段在围绕市情的基础上，再结合省情、国情打造的传统文化研学教育实践活动课程体系。

1. 管理部门

各级教育部门要针对所辖区域内传统文化资源进行统筹规划，开发更多特色研学课程，指导好区域范围内的中小学校开展传承传统文化研学实践教育活动。课程一是要体现区域性：充分挖掘、利用本地传统文化教育资源，由近及远逐步扩大研学实践教育的范畴；二是要体现实践性：引导学生走出校园，参与探究与传承传统文化的实践活动；三是要体现教育性：结合学生身心特点、接受能力和实际需要，注重系统性、知识性、科学性和趣味性，为学生全面了解优秀传统文化提供良好成长空间；四是要体现安全性：坚持安全第一，建立安全保障机制，明确安全保障责任，落实安全保障措施，确保学生安全。

2. 学校规划

根据各学段目标，基于学生发展的实际需求，总体规划针对小学4~6年级，初中7~8年级，高一、高二学生的传统文化研学实践教育工作。

（1）时间规划

形成学校长期规划：学校要对传统文化研学实践教育进行整体设计，将办学理念、办学特色、培养目标、教育内容等融入其中。依据学生发展状况、学校特色、可利用的研学资源进行统筹考虑，形成研学实践教育总体实施方案。

形成学年短期规划：各年级结合"学校学年活动计划与实施方案"对学年活动做出规划，使总体实施方案和学年活动计划相互配套、衔接，形成年级传统文化传承的实施方案。

（2）资源规划

规划时结合各地现有的传统文化资源进行筛选，选择适合本校学生不同学期、不同学段的传统文化研学资源。

（三）方案设计，规范实施

确定传统文化主题实践活动后，要组织领导小组和指导教师做好实施方案的制订工作，做到活动要素、活动过程、活动主体的完整性。

活动方案中的要素包括活动主题、活动时间、资源分析、学情分析、活动目标、活动形式、实施流程及时间分配、预期成果、活动评价等。教学设计要有学情分析、课程目标、重难点、活动准备、活动过程、活动评价、活动总结及反思等各个部分。活动过程要体现旅行前、旅行中、旅行后三个阶段，且缺一不可。活动内容要完整，充分表达有关学校、教师、学生、家长、旅游机构、政府部门等不同主体的内容。

（四）综合实施，力趋常态

学校应根据各学段目标做好传统文化课程资源的开发工作，选择活动主题、具体内容及相应的活动方式；组建领导小组，由校级领导担任组长，具体落实课程的实施；成员由教务处（教研室）、政教处（德育室）、团委（少先队）和年级组长、综合实践活动教研组长等组成。领导小组负责课程的规划、组织和落实工作，做好相关部门的协调工作。负责德育工作的处室做好旅行体验的相关工作。政教处（德育室）负责落实课程实施方案，做好活动资料的收集、整理、存档等相关工作；政教处（德育室）、团委（少先队）应充分发挥共青团、少先队以及学生社团组织的作用，将有关传统文化为主线的德育主题实践活动、社会服务、职业体验等活动融入研学实践教育活动之中。

还应根据传统文化特点确定指导教师或校外指导人员，例如可以聘请传统文化研究专家兼任指导人员。引导学生做好研学前传统文化学习,确定研究问题,制订计划;组织班主任参加研学前、后的指导培训,做好研学期间的安全保障工作;组织、指导开展研学前后的准备活动和总结活动,使之常态化。

四、三融创研学实践教育实施注意事项

《关于推进中小学生研学旅行的意见》提出了开展研学旅行的四条基本原则,是各地组织开展研学旅行的基本依据。一是教育性原则,研学旅行要结合学生身心特点、接受能力和实际需要,注重系统性、知识性、科学性和趣味性,为学生全面发展提供良好成长空间。二是实践性原则,研学旅行要因地制宜,呈现地域特色,引导学生走出校园,在与日常生活不同的环境中拓宽视野、丰富知识、了解社会、亲近自然、参与体验。三是安全性原则,研学旅行要坚持安全第一,建立安全保障机制,明确安全保障责任,落实安全保障措施,确保学生安全。四是公益性原则,研学旅行不得开展以营利为目的的经营性创收,对贫困家庭学生要减免费用。

总之,要凸显三融创,突出德育,选择合适的传统文化内容实施。要注意从活动目标、活动内容、活动实施、活动评价等方面进行整体设计。每一个环节都不可缺失。否则,就容易出现活动目标不明确、主题选择不清晰、活动内容与学生兴趣能力不匹配、运行形式不规范等问题。要对学生进行必要的行为规范教育并明确研学旅行的具体要求。评价力求多元化、动态化,促进每一个学生的发展。

远足研学实践教育奏响“五育并举”主旋律

一、远足研学实践教育案例呈现

2020年10月，龙岩市研学课程实践探索暨省级课题“学校综合实践活动课程规划与实施的研究”研讨会在永定二中召开。福建教育学院邹开煌教授、各县(市、区)综合实践活动教研员、初中综合实践活动教研团队成员、“学校综合实践活动课程规划与实施的研究”省级课题组成员、上海春禾青少年发展中心工作人员一行以及云贵川三省的春禾社团活动实验学校成员近80人参加了此次研讨会。此次研讨会是在为更好地贯彻落实《中小学综合实践活动课程指导纲要》精神，进一步探索龙岩市中小学研学课程，让综合实践活动教学在日常教学中落地生根的背景下召开的。

伴随着研学旅行的深入发展，有些学校选择完全交由旅行社策划整个研学过程，而永定二中选择了用研学实践教育的理念来完善这门课程，将其转化为远足研学实践活动，进而按照我们所设计的研学课程流程(研学准备—研学过程—研学总结—研学反思)开展活动。相关案例的具体流程如下：

(一) 研学准备

研学准备具有重要意义。研讨会议上，全体人员先听取了永定二中八年级(9)班同学对 “走进红色小镇——金砂”远足研学实践活动的准备工作的介绍：在研学准备阶段，学生们在教师指导下完成方案制订，通过汇报展示各小组的准备情况。通过听取介绍，与会人员知道学生确立了五个小课题，有关于革命英雄人物的事迹调查，有关于红色遗址的开发和利用现状调查，还有关于农村老人生活的现状调查。学生既关注历史的内在脉络，凸显唯物主义的哲学观和方法论，也关心现实生活中老人生活的现状，展现了新时代青少年的责任与担当。五个课题小组分别从组员分工、课题由来、探究方法、研究步骤、困难预见及解决办法、预期效果这六个方面进行汇报,并展示小组研制的访谈提纲和设计的问卷。此外,学生还汇报了服务活动及晚会的设计情况。

(二)研学过程

走进红色小镇——金砂。与会人员和同学们一起走进红色小镇金砂,聆听经典革命故事,见证学生的研究活动:各小组走进温馨和睦的农家小院,按照晚餐规划做好每道菜。从食材的购买、加工到完成最终的烹饪,学生完成家务劳动、生活劳动等多方面的劳动教育内容,提升了劳动素养。品尝同学们亲自烧炒的美味佳肴后,与会人员又观赏同学们自编自导的晚会表演。篝火晚会上舞蹈、歌唱、曲艺等节目精彩纷呈,充分展现了学生的艺术素养。

(三)研学总结

分享研学心得。在七年级研学总结汇报活动中,各班派出的代表向与会人员分享了他们在研究性学习中的学习收获与体会。与会人员充分感受到永定二中的远足研学实践活动不仅落实了综合实践活动课程,还完成了综合素养的教育。学生在教师指导下完成资料整理、成果提升、汇报展评等系列活动,总结交流阶段的主要任务则是对活动过程、活动结果、活动体验、活动方法等方面进行总结、交流与反思。

(四)研学反思

课程目标是课程实施的重要依据,它既是课程设计和课程实施的出发点,也是它们的归宿。因此,研学课程结束时须回望课程目标,对目标达成情况进行总结反思。引导学生总结时应实事求是,活动结果的表达方式可多样化,不仅要兼顾有形的结果,更要关注无形的结果。只有学生进行有知性的活动和有理性的实践,才能为活动结果的合理性奠定扎实的基础。

在永定二中远足研学实践教育活动中,其研学准备,做早做实做足;其研学过程,知性与理性并举;其研学总结,拓展与提升兼具;其教育性和课程性的特点鲜明,达成了提升学生综合素质的目的。

二、远足研学实践课程的特点

永定二中的远足实践课程经历了17年,持续受到师生、家长的欢迎,它具有以下特点:

(一)实现了校本规划,整体实施

综合实践活动课程要在一所学校内长期、常态、有效开展,就要有校本规划、整体实施的理念——目标清晰:通过综合实践活动课程的探索,形成学校的办学特色,培养学生的综合素质,加强学校教育与社会发展需要、科技进步、学生生活的联系,转变教师的教育教学观念,进而提升教学质量,促进学校的全方位发展;统筹规划:对学校的综合实践活动课程进行整体规划,制订出相关的方案,各部门分工合作,教务处、教研室安排教师执行研究性学习的教学指导任务,信息技术教师安排好远足前后学生信息技术准备及展示汇报,班主任肩负着指导学生的劳动技术教育,组织学生交流劳动技能,政教处、团委(少先队)组织好军训活动以及远足期间学生进社区 。

(二)真正成为培养学生综合素质的跨学科实践性课程

远足前,学生会应用信息技术制作问卷调查表、访谈提纲等调查工具,远足回校后制作电子汇报作品,展开全班、全校范围内的交流评比。他们还将信息技术与实践活动的内容和实施过程有机地整合起来。七年级学生到西溪,走进自然,其所学的生物知识在综合实践活动中得以拓展、延伸;八年级学生到永定金砂红色旧址,了解永定暴动爆发的原因、经过、结果及在福建省革命史上的作用和影响,同时学习历史知识、先进事迹和革命精神;九年级学生到客家土楼,了解土楼楹联文化,提升语文素养。此外,学生深入农村开展调查研究,了解农村的状况、红色文化内涵,从而更加珍惜现在的生活。通过远足,学生学会科学研究的方法,增强了解决实际问题的能力。因此,该实践课程真正发挥了综合实践活动跨学科的作用。

三、远足研学实践课程的实施路径

远足课程分为远足准备、远足活动、远足总结三个阶段。远足准备可从军训入手,选择应用科学的研究方法,并研制好对应的问卷、访谈提纲。远足过程包含体能训练、研究性学习、社会服务、劳动技术、职业体验、文艺活动等多种形式的活动。远足总结则通过资料整理、处理分析、形成结论、交流展示实现。

（一）确定主题，达成教育目标

永定二中单周设一节课作为教师到教室指导学生开展研究性学习的课时。每个班的学生依据兴趣、爱好自由组合，分成若干小组，选择相应的指导教师，即一个班有多个小组、多个指导教师。他们按照研究性学习的要素完成远足前后的学习任务。远足期间，学生根据所选择的课题开展探究活动。如在金砂，学生选择了解历史上中央苏区红色交通线和交通员，以及永定暴动等相关知识和故事，感受当下的幸福生活来之不易，激发爱党爱国爱乡的情怀，培养“听党话，跟党走”的理想信念，树立社会主义核心价值观，让红色基因代代传承。

（二）选择多种活动方式，形成责任意识

远足前后有多样化的活动方式。除了有研究性学习为主的考察探究方式，学生在开展入户考察探究后，可以选择到群众家里送温暖，开展社区宣传活动，保护环境等系列志愿者服务活动；还可以举办篝火晚会，邀请群众共赏表演，为学生提供展示才华的机会。通过参与社区服务和社会实践活动，学生得以增强服务意识，养成独立的生活习惯；通过到革命老区群众家中调查、采访，关注革命老区群众的生活情况，学生初步形成探究社区问题的意识，并培养了对自我、学校、社区负责任的态度和社会公德意识。

四、远足研学实践实现了“五育并举”

在永定二中远足研学实践活动中，学生学会动手动脑，学会生存生活，学会做人做事。活动同时促进学生身心健康、体魄强健、意志坚强，促进学生形成正确的世界观、人生观、价值观，培养他们成为德智体美劳全面发展的社会主义建设者和接班人。正如学生所写的：“如果人生是一本书，那么远足活动就是书中最有意义的页面之一；如果人生是一台戏，那么远足活动就是戏中精彩的一幕；如果人生是一首歌，那么远足活动就是歌中欢快的旋律。”

（一）奏响红色客家文化赞歌，唱好立德树人主旋律

永定二中组织三个年级学生分别开展了土楼文化之旅、金砂红色文化之旅、西溪双桥知青文化之旅，同时开展课题研究，撰写调查报告和心得体会，举办课题汇

报及征文比赛等活动——通过一系列活动的开展,学生对土楼客家传统文化和永定革命历史有了更深入的了解和体会,从中也激发了传承和弘扬客家土楼文化以及继承发扬革命先辈精神的自觉性、责任感和使命感。为了更好地延续和辐射活动成果,学校常态组织学生志愿者到福建土楼博物馆开展志愿者社会服务活动,将研究成果转化为实际行动,为传承和弘扬客家土楼传统文化贡献一份微薄之力。

远足实践培养学生积极健康的情感,培育学生团结、合作、互助精神,还可以学会与他人分享生活的甘苦,在体验民俗风情中,在参观和考察革命遗址、缅怀革命先烈时,树立正确的价值观和人生观。

(二)提高问题解决能力,培育学生综合素质

远足实践中,学生学会运用科学方法开展研究,深入思考中央苏区红色交通线的建立及其历史贡献、金砂红色文化等有价值的问题。他们通过合作解决问题,从而进一步提高问题解决的能力。远足主题实践活动,让学生带着课题有目的、循序渐进地开展探究活动,如走进红土地金砂,学生开展的课题研究有:红土地英雄人物寻迹(如老一辈革命家张鼎丞、"红色小歌仙"张锦辉等)、红土地上红歌颂、金砂农村教育观、红色儿女就读路探访、革命旧址文物保护、烈士后代生活调查、探究红土地上的民风民俗、走进金砂暴动、红土金砂"闽西八大干"之"永定菜干"制作探研、探访金砂三农今昔变化、金砂红色旅游资源整合、金谷寺飘出的红色山歌……让学生在活动中受到红色文化的熏陶,在实践中培养探究能力。

此外,活动中学生要了解一定的军事常识、防病治病常识、气象知识等,要查找外出安全注意事项及应急处理措施的有关资料,并预测远足活动中可能出现的问题,制订处理预案。还要上网查找资料,用电脑分析处理信息和展示研究成果,用设备拍摄照片或视频以记录和展示成果。

(三)体能训练,促进健康发展

通过来回十几千米的远足,以及到纪念馆、生态农场、土楼等处开展探究活动,参与一些服务活动,学生得到了锻炼:一是可以增强体能,激发运动兴趣;二是形成积极乐观的人生态度和集体主义精神;三是提高身心素质、社会适应能力;四是塑造坚强的意志品质,陶冶情操,养成审美情趣和环保意识;五是培养勇敢、顽强、艰苦朴素、吃苦耐劳、有自信心、有进取心的良好心理品质,养成努力拼搏的精神。

（四）美育温润心灵，升华学生人格

远足前策划文艺晚会，各小组准备至少一个节目。节目内容形式力求多样，独唱、合唱、舞蹈、相声、小品、朗诵、笛子演奏、小提琴演奏、手风琴演奏等都行，并利用课余时间排练。远足中组织文艺晚会，同时设计、创作与中央苏区红色交通线、“金砂红色旧址群景区”等红色资源相关的书签、帽子、文化衫、包、杯、美图、动漫微视频、微电影等，进而提高审美水平，鼓励创意利用信息技术进行分析和设计制作数字化产品。学生到客家土楼后还开展吟诵土楼童谣、土楼楹联擂台赛、唱客家山歌比赛等文艺活动，通过活动一方面感受客家传统文化的内涵，另一方面培养自己的艺术素养。

（五）生存体验，得到劳动锻炼

学生在远足活动中，一是要自己搭帐篷，解决住的问题，若动手能力差，帐篷搭不好，就没法睡；二是要自己解决吃饭问题，如果沟通能力差，就找不到落脚的农家；三是要两人同睡一顶帐篷、10人一起准备晚餐，每一个环节都要求彼此相互合作，包容谅解；四是要采购食材、做饭，活动要求每人做一道菜。对从未做过家务的学生来说这既锻炼了劳动能力，培养了劳动精神，而且还由此体会到当家长的不易。

远足活动可谓是研学实践教育的最佳样态之一。远足前期、过程中、后期的汇报都让学生受到了为人处世的教育，达成德育目标；探究活动培养了学生的思维能力及创新精神，对他们的学习方式的转变有积极的促进作用，达成智育目标；生存体验让学生的身体得到锻炼，达成“野蛮其体魄”的体育目标；文艺晚会、作品创作让学生得到艺术熏陶，达成美育目标；做饭、参与服务活动，锻炼了学生的劳动能力，达成劳动教育目标。可以说，远足研学实践教育真正奏响了”五育并举“主旋律。

课程建构篇

为了全方位地落实德育、传统文化和综合实践活动的融合与创新实践工作，开展了2017年龙岩市中小学德育研究专项课题“‘闽西传统文化传承·德育主题实践’课程化的初步探索”，组织永定二中、龙岩市松涛小学、龙岩师范附小分校、龙岩莲东小学、永定区坎市中心小学、永定区胡文虎小学等学校的教师，开展为期近两年的实践研究。笔者带领实验学校开发综合实践活动与闽西传统文化相融合的德育课程内容，设计“采茶灯文化”“节气文化”“家乡传统文化”“家乡侨文化”“家乡善文化”“客家土楼文化”等系列校本课程。其中，龙岩市松涛小学设计的“走进采茶灯”校本课程被评为福建省中小学精品校本课程。

同时，笔者及所在团队也组织开发与设计德育、传统文化和综合实践活动融合与创新研学课程，提炼了三融创课程化的一些做法。

2019年5月笔者承担了龙岩市教育局的“龙岩市研学课程开发”项目，组建龙岩市涵盖小学、初中、高中3个学段、23个学科的48位教师的课程开发团队，历时一年半，通过实地考察、集中研讨等方式，编写了《龙岩市高中研学课程指导用书》《龙岩市初中研学课程指导用书》《龙岩市小学研学课程指导用书》，为引导学生从课堂走向社会，从理论知识学习到亲身实践体验，传承闽西的红色文化、客家文化、生态文化，加强劳动教育、国防教育发挥了重要作用。

本篇重点介绍基于传统文化传承和德育主题实践课程化探索的意义、目标、实施路径及初步成果，龙岩市研学课程资源开发与教材编写，区域性研学课程体系建设、研学导师队伍培育及有效实施的管理机制，龙岩市中小学研学课程的主要创新及影响。

基于传统文化传承·德育主题实践课程化的探索

通过前面的探究，笔者及所在团队认为德育、传统文化和综合实践活动融合与创新操作模式能够实现学校课程、德育体验、实践锻炼的有机融合。笔者组织开展了2017年龙岩市中小学德育研究专项课题"'闽西传统文化传承·德育主题实践'课程化的初步探索"，依据综合实践活动课程的理念，开发以传统文化课程资源为主线的德育主题实践活动，形成家乡传统文化德育课程体系，编写学生用书，旨在构建闽西传统文化传承的德育主题实践课程。

一、开展基于传统文化传承和德育主题实践课程化探索的意义

（一）落实教育部的文件精神。教育部印发了《中小学德育工作指南》《中小学综合实践活动课程指导纲要》《关于推进中小学生研学旅行的意见》《关于实施中华优秀传统文化传承发展工程的意见》《革命传统进中小学课程教材指南》《中华优秀传统文化进中小学课程教材指南》等文件。要求中小学校要将德育、研学旅行纳入学校教学计划。构建基于传统文化传承和德育主题实践课程，符合文件对于课程教材的要求，实现课程整合、易操作、效果好。

（二）促进学校丰富文化特色的形成，推动教师有效育人的实践。在课程完成研究的同时，学校培养出一支优秀的德育教研队伍，开发出一些德育课程资源，引导学生进一步认识传统文化的内涵，并指导学生开展实践活动，带动特色学校建设，形成独特的校园文化。这门课程对培养学生的综合能力有重要作用，促进了学生的全面发展。课程设置探究传统文化的活动，学生学习研究问题的方法，如文献法、实践法，研究能力得到明显提高，同时还培养了沟通协调能力、合作交往能力，不仅增进学生对传统文化的了解，改变对传统文化的固有认识，还增强自觉传承优秀传统文化的意识，而且通过传统文化主题实践活动的开展，学生更深刻地体验并感知到传统文化与当今生活的密切联系。类似的德育主题实践活动项目，真正做

到以学生喜爱的形式达到立德树人的目的,同时还传承并创新了当地传统文化,深受广大师生的喜爱。

二、基于传统文化传承和德育主题实践课程化探索的目标

(一)培养德育、传统文化和综合实践活动融合与创新课程开发能力。把围绕家乡传统文化开展德育主题实践活动作为学校德育课程的切入点和着力点,创设课程,引导学生了解家乡的历史文化、自然环境,增强自豪感,发展探究精神,提高实践能力,自觉继承和弘扬家乡传统文化,激励学生参与传承家乡传统文化的实践活动。

(二)完善德育、传统文化和综合实践活动融合与创新课程体系。进一步完善学校三融创课程体系,强化实践育人,积极探索校内资源与校外资源的融合途径,加强与地方传统文化、德育实践基地的联系,将学校教育与校外教育有效衔接,构建学科学习与实践学习有机结合的育人课程。

(三)提高德育、传统文化和综合实践活动融合与创新课程建设能力。以德育实践活动课程的开发激活学校整体的课程建设。围绕课题的研究实践,设计并编写德育实践活动校本教材与教参。围绕一项传统文化,开发一系列面向全体学生,符合学校、班级特色的德育课程内容。

三、基于传统文化传承和德育主题实践课程化的实施路径

2017年8月,教育部颁布了《中小学德育工作指南》,在德育的总体目标中提出,要教育学生理解、认同和拥护国家政治制度,了解中华优秀传统文化和革命文化、社会主义先进文化,增强中国特色社会主义道路自信、理论自信、制度自信和文化自信。通过家国情怀教育、社会关爱教育和人格修养教育,传承发展中华优秀传统文化,大力弘扬核心思想理念、中华传统美德、中华人文精神,引导学生了解中华传统文化的历史渊源、发展脉络和精神内涵,增加文化自觉和文化自信。

结合《中小学德育工作指南》中提出的“课程育人”“文化育人”“活动育人”和“实践育人”的要求,笔者认为,研制开发符合学生年龄特点的德育主题校本实践课程,有利于从课程目标、课程实施和课程评价等方面实现课程的系统性、针对性和实效性。

(一)基于主题,深入探索,有机融合,多维创新。基于主题实践活动,对红色

文化、传统文化、民族特色、世界文化遗产、历史名人等资源进行探索、实践和整合。采用研学旅行与学校课程、德育体验、实践锻炼的有机融合方式，创新德育课程形式，形成德育、传统文化和综合实践活动融合与创新课程结构：认识传统文化—学习传统文化—研学实践—传承传统文化—提升文化内涵—展示成果。

（二）创新学校课程设置，加强课程规划和建设。有计划地开发建设富有学校特色、传承传统文化的校本课程，给学生提供更多自主发展的空间。所开发的闽西传统文化课程能够按照创设的模式，初步形成传统文化课程在实验学校开展落实，达成传统文化课程化的建设理念，例如，龙岩市松涛小学整合综合实践活动、音乐、美术、科学、体育、语文，形成独特的、多学科融合的综合性校本课程，并进一步形成基于学校特色文化的德育实践活动课程开发实施策略和管理评价体系，以及主题单元式的综合实践活动资源包。

四、基于传统文化传承和德育主题实践课程化探索的初步成果

结合闽西传统文化，笔者组织实验学校编写了以采茶灯文化、节气文化、家乡传统文化、家乡侨文化、家乡善文化、客家土楼文化为主线的系列校本课程，研究综合实践活动与闽西传统文化相融合的德育课程内容。六所实验学校教师参与编写创新德育主题实践活动校本教材。下面就基于传统文化传承和德育主题实践课程初步成果进行介绍。

走进采茶灯

采茶灯是融说唱、戏曲、舞蹈为一体的民间歌舞，是福建民间艺术的瑰宝、国家级非物质文化遗产。采茶灯文化迄今已有二百七十多年的历史，其歌舞源于汉族劳动人民的采茶活动，表现人们热爱劳动、上山采茶过程中与大自然和谐相处的情景。为进一步弘扬这一闽西非物质文化遗产，丰富校园文化，激发学生爱国、爱家乡、爱校的热情，龙岩市松涛小学以五年级作为实验年级开设“走进采茶灯”校本课程，本课程是聚采茶灯歌舞的艺术精髓、文化内涵和主题思想，结合学生的年龄特点，融入综合实践活动、音乐、美术、科学、语文等学科，进行有机整合，形成独特的、多学科参与的综合性校本课程。意在引导学生全方位地认识采茶灯，感受采茶灯，做采茶灯的小传人，提升学生的语言表达、艺术表演、实践探究、美学鉴赏、道德修为等综合素养，形成学校的办学特色，提高学校的办学品位。单元设计如下：第一单元，探访采茶灯；第二单元，音舞采茶灯；第三单元，绘制采茶灯；第四单元，趣说

顺口溜;第五单元,茶语时光;第六单元,研学实践。

(龙岩市松涛小学)

我爱家乡

龙岩市莲东小学结合龙岩市各县(市、区)当地一些传统节日的文化和习俗,以“走进家乡传统文化”为载体,从学生熟悉的“龙岩名片、我的家乡、节日习俗”等入手,引领学生重新认识、探索身边的传统节日,走进历史,以全新的视角,审视今天的生活,从而达到教育的目的。以四年级作为实验年级开展了“围绕家乡传统文化系列德育主题实践活动”。

开展探寻永定区抚市“走古事”活动:永定区抚市“走古事”起源于中原,从清朝乾隆、嘉庆年间至今,传承不衰。所谓“走古事”,即化装游行,以历代传说故事、戏曲及现实生活中的人物或情节,装扮“古事棚”,再由青壮年抬着游乐,其阵容强大、表演精彩,为人们所喜闻乐见。如,探寻新罗区东肖镇正月十二庙会,每年的农历正月十二,东肖镇都要举行传统的民俗活动——庙会。在这一天里,不仅可以逛庙会,还能欣赏到特色的民俗文化。镇上人山人海,专业剧团和民间文艺队纷纷来此献艺,戏剧、舞蹈、采茶灯……丰富多彩的文艺节目足以让当地群众和许多慕名而来的外地游客饱食一顿视觉“饕餮盛宴”。探寻武平县中湍村“上刀山下火海”:“上刀山下火海”是少数民族傈僳族的一个节日,每年的农历二月初八会举行这种活动,寓意是为了完成一种使命就必须不畏艰险去克服种种困难。学生通过探究,增强了传承家乡优秀传统文化的意志和信心。

学校开发了“我爱家乡”校本课程,单元设计如下:第一单元,我是龙岩人;第二单元,我的家乡;第三单元,家乡的节日习俗;第四单元,我是家乡传统文化传承人。

(龙岩市莲东小学)

跟随节气去探究

“春雨惊春清谷天,夏满芒夏暑相连。秋处露秋寒霜降,冬雪雪冬小大寒”。二十四节气起源于农耕文化,它反映了一年四季的冷热变化,指导着人们的农事活动,是中华民族独创的文化遗产,是我国古代劳动人民智慧的结晶。为了传承和发扬二十四节气传统文化精髓,龙岩市师范附属第二小学开发了校本课程“跟随节气去探究”,通过调查采访、实践体验、研学旅行等形式,开展一系列丰富多彩的主题实践活动,整理闽西二十四节气文化内涵及育人资源,对提升学生文化自信、创造实践、启智立德具有重要意义。

单元设计如下:第一单元,认识二十四节气,立春:鞭打春牛,惊蛰:春雷乍响、蛰虫惊出,七彩蓝天探春分,春暖花开话清明,探访谷雨茶,小满,夏至,芒种,小暑:驱虫有妙招,大暑"养生堂",立秋:贴秋膘、打糍粑,处暑:白鹭茶香,秋分:丰收节,寒露菊芳,重阳敬老,霜降:红叶篇,立冬:做腊肉;第二单元,制作二十四节气名片。

(龙岩市师范附属第二小学)

走进永定华侨

永定是"客家故里",也是福建省的重点侨乡,胡文虎小学是福建省唯一一所以华侨胡文虎先生名字命名的学校,1998年胡文虎基金会捐资360万元用于学校的建设。传承和发扬华侨精神是该校每一个学生义不容辞的责任。为此该校六年级学生开展了"传侨乡文化,扬客家精神"的主题实践活动。在教师的指导下,学生通过上网搜集、实地调查采访等方式,走近侨文化,近距离感受"开拓进取""崇文重教""爱国爱乡"等华侨精神。

为弘扬永定华侨精神,学校开发了校本课程,单元设计如下:第一单元,我爱胡文虎小学,第二单元,初探永定华侨(活动一,了解华侨领袖胡文虎,活动二,认识华侨);第三单元,华侨精神寻根之旅;第四单元,华侨精神宣传员。引导学生在综合实践活动课程理念的指导下,通过主题实践活动,对永定华侨文化进行深入探索、系统研究,在提升学生综合素质、发展学生核心素养的同时,让学生感受、理解和传承华侨文化,进而把客家优良传统发扬光大!

(永定区胡文虎小学)

家乡善文化

我国的善文化源远流长,博大精深。《庄子·知北游》:"天地有大美而不言,四时有明法而不议,万物有成理而不说。"荀子曰:与人善言,暖于布帛。"善"乃教育之"大美"。刘备云:"勿以恶小而为之,勿以善小而不为"。《国语·周语下》:"从善如登,从恶如崩"。《三字经》:"人之初,性本善"。坎市中心小学秉承客家子弟为家争荣、为国争光的精神,对本土的善文化资源进行挖掘和整合,把以善文化为主题的实践活动引入学校教育。通过主题实践活动形式,充分发挥学生的主体性和能动性,教育学生人人向善、人人为善、人人扬善,引导他们形成正确的人生观和价值观,创造美好校园。其课程设计如下:主题一,学校的由来;主题二,善学爱国;主题三,善举,感恩;主题四,善德,惠民;主题五,善心,铸魂。

(永定区坎市中心小学)

唱响红土客家谣

闽西永定历史悠久,有博大精深的客家文化,有令人热血沸腾的红色景点,有钟灵毓秀的山水风景。这一片土地,承载着几千年的岁月,有历史的沧桑,更有岁月的更迭。我们学习先贤精神,传承传统文化,有了生生不息的精神源泉。多年来,永定二中学子们走出校门,走进客家土楼,踏上红色热土,探寻客家文化,深挖人文资源,了解乡风民俗,汲取客家文化的精髓。

编写校本课程旨在培养学生积极向上的心态,引导他们运用自主、合作、探究的学习方式,在活动体验中发展创造力,提高审美意识和审美能力,增强对大自然、家乡及社会的热爱。希望学生无论身在何方,都心系故土。课程设计为:第一章,我是客家人。第一节,客家人的由来与分布;第二节,我是永定客家人;第三节,永定客家名人知多少。第二章,客家土楼文化。第一节,探寻客家土楼文化;第二节,传承客家土楼文化。第三章,永定红土文化。第一节,探寻永定红土文化,知道“永定暴动”、中央红色交通线、张鼎丞;第二节,传承永定红土文化。第四章,永定生态文化。第一节,探寻永定生态文化;第二节,我是小小志愿者。第五章,远足、研学主题实践活动。第一节,西溪远足主题实践活动;第二节,金砂远足主题实践活动;第三节,“传承红色基因、弘扬革命精神”长汀县研学主题活动。

(永定区第二初级中学)

五、基于传统文化传承和德育主题实践课程化建设的反思

虽然各个实验学校在项目实施过程中都尽可能多地投入时间和精力,但是因受应试压力影响而削弱了课程建设成效,在整个研究过程中还是出现了较多问题。有的项目负责人兼任学校的主要工作,难以分身,致使项目研究不够到位。有的项目在实施过程中频繁更换主要成员,造成因工作衔接不力而拖延研究进程,致使项目研究持续性受到很大影响。同时,学生因疲于应试,没有充裕的时间投入到德育实践活动中去,浅尝辄止,出现走过场现象,弱化了德育实效性。

因理论知识欠缺而影响项目研究的速度和深度。特别是在要进行创新德育主

题实践活动校本教材编写时,凸显了理论知识的不足。这直接影响了教材内容的深度及教材编写的速度。

距离研究目标还有一定的距离。例如,我们计划要达成“建立校内外结合的实践课程体系,形成学校教育与校外教育有效衔接、学科学习与实践学习有机结合的育人机制”的目标,目前虽然已经开发了基于闽西传统文化主题的德育实践校本课程,但还不成体系。

需要进一步完善及推广教材。此次项目研究过程中,各实验学校已经编写出各自的德育主题实践课程校本教材,下一阶段的工作重点是将校本教材付诸实践,在实践中进一步完善教材,然后再进行推广。

考虑德育主题实践课程如何实现内涵式发展。在原有课程基础之上,开发系列课程,搭建符合学校办学宗旨、能够推动学校内涵式发展的德育主题实践课程体系。

龙岩市研学课程资源开发与教材编写

2016年教育部等11部门印发《关于推进中小学生研学旅行的意见》(以下简称《意见》),强调以立德树人、培养人才为根本目的,把研学旅行纳入学校教育教学计划,与综合实践活动课程统筹考虑,促进研学旅行和学校课程有机融合。2017年8月教育部印发《中小学德育工作指南》,提出把研学旅行纳入学校教育教学计划,促进研学旅行与学校课程、德育体验、实践锻炼有机融合。同年9月教育部印发《中小学综合实践活动课程指导纲要》,强调结合野外考察、社会调查、研学旅行等开展研究性学习,在观察、记录和思考中,主动获取知识,分析并解决问题。

龙岩市位于福建省西部,通称闽西,现辖新罗区、永定区、上杭县、武平县、长汀县、连城县、漳平市。闽西是著名的革命老区,享有"二十年红旗不倒"的光荣历史。以古田会议旧址为核心的闽西红色旧址群,是全国12个"重点红色旅游区"的重要组成部分;闽西是著名的客家聚居地,7个县(市、区)中,有5个客家县(区);龙岩市是国家生态文明建设实验区、全国绿化模范城市、全国森林旅游示范区,拥有丰富的红色教育资源、客家文化资源和绿色生态教育资源。龙岩市高度重视中小学生研学实践教育活动和基(营)地的选取、建设工作,"龙岩市示范性综合实践基地"被确定为国家级研学营地,古田被确定为国家级研学基地;永定客家家训馆、长汀县水土保持科教园等6个基地被确定为省级研学基地;中央苏区(闽西)历史博物馆等36个基地被确定为市级研学基地。按照《意见》所提出的要求,龙岩市组织中小学生在国家、省、市的研学基(营)地进行积极的研学实践探索,积累了一些经验和做法,取得学校、家长、社会的高度认可。

为挖掘、提炼龙岩市丰富的研学教育资源,顺应广大中小学研学实践指导教师的需求,提升中小学生研学实践教育的实效性,龙岩市教育局组织招募"龙岩市研学课程开发"项目团队。笔者于2019年5月承担了该项目,下面就开发与实践探索情况进行介绍。

一、选择板块，组建团队

依据龙岩市丰富的研学资源和地方特色，确定开发红色文化、客家文化、生态文化、劳动教育和国防科工5个板块，根据板块特点，选择学科教师。组建以市教科院院长为组长的领导小组，由笔者总负责“龙岩市研学课程开发”项目组团队，成员包括三个学段共48位教师，涵盖23个学科（高中10个学科：语文、历史、心理健康、政治、生物、地理、英语、物理、化学、综合实践活动；初中7个学科：历史、语文、物理、生物、化学、综合实践活动、音乐；小学6个学科：语文、数学、信息技术、科学、综合实践活动、道德与法治）。同时聘请龙岩研究红色文化、客家文化的教授，以及党史办的专家，作为指导团队。

二、启动项目，科学规划

2019年5月申报项目，着手学习文件、材料，开展文献研究，做好准备工作，实地考察、集中研讨，确定项目研究的时间安排。

第一阶段：收集参考理论、政策依据，启动项目。

第二阶段：深入探索，根据学生需求，结合高校专家的意见、一线教师和研学基地导师的想法、部分家长的反馈，研制方案。

第三阶段：编写《龙岩市高中研学课程指导用书》《龙岩市初中研学课程指导用书》《龙岩市小学研学课程指导用书》。

第四阶段：审核、出版以上图书。

第五阶段：依据所设计主题，开展实践探索。

第六阶段：成果运用与示范推广，多层级师资培训、多维度教学比赛、多场次送培送教。

第七阶段：总结推广。

三、确定目标，明晰方向

挖掘、提取龙岩市丰富的研学教育资源，构建开放而有效的具有龙岩特色的研学课程体系；传承闽西的红色文化、客家文化、绿色文化，开展劳动教育，有效发展学生的人文素养、创新精神、探究能力和社会责任感；为龙岩市中小学开展研学旅行活动提供最有价值的课程指导，符合广大中小学研学旅行指导教师的需求，开展研学旅行的课程化实践,指导教师如何帮助学生做好研学旅行的前期准备、过程参与及后续小结、展示,增强学生的研学、体验等综合参与度;促进龙岩市研学骨干队伍的形成和壮大,提升骨干教师课程开发的综合素质。

依据《意见》,中小学在开展研学旅行活动时,学校要根据学段特点和地域特色,逐步建立研学旅行活动课程体系,确定以龙岩市区域性研学课程的开发为主线,有利于加强学校教育与地域的联系。依据《纲要》精神,龙岩市教科院组织骨干力量对龙岩市区域范围内的优质研学教育资源进行统筹规划、整体开发,力求实现国家课程的地域化、特色化。

四、选择内容,确定主题

结合龙岩市的历史文化特点与社会发展现状,结合学生开展研学实践教育的基本要求,充分利用当地的历史人文场馆开展研学,选择较有区域代表性的红色文化、客家文化、生态文化、国防科工及劳动教育5大板块的研学课程内容,设计了适合小学、初中、高中的区域性研学活动课程体系和研学线路。

第一篇　红色文化之旅

主题一　走进红色革命圣地,感悟古田会议精神。(古田会议旧址群研学基地)

主题二　土地革命第一枪,红色基因我传承。(闽西革命历史博物馆、闽西革命烈士陵园、闽西工农银行、邓子恢纪念馆、后田暴动指挥部旧址研学基地)

主题三　探秘中央红色血脉,传承金砂红色基因。(中央红色交通线纪念馆和永定金砂红色旧址研学基地)

主题四　探究才溪乡调查,深度体验调查法。(毛泽东才溪乡调查纪念馆和才溪红色旧址群研学基地)

主题五　走进红色小上海,感受先辈家国情。(长汀红色旧址群研学基地)

主题六　重走长征路,逐梦复前行。(长汀中复村红军长征出发地研学基地)

第二篇　客家文化之旅

主题一　游历汀州古城,传承客家文明。(长汀古城文化研学基地)

主题二　探寻客家根源,传承客家精神。(上杭客家族谱博物馆研学基地)

主题三　探究世界文化遗产,传承客家土楼文化。(永定客家土楼研学基地)

主题四　赏民居建筑,品耕读文化。(连城培田古村落研学基地)

主题五 探秘客家民俗，寻味客家文化。（连城县博物馆研学基地）

主题六 定光古佛祖庙，两岸信仰同源。（武平岩前狮岩研学基地）

第三篇 生态文化之旅

主题一 濯濯童山重披绿装，保持水土青山作证。（长汀水土保持科教园研学基地）

主题二 寻访国宝踪迹，探秘千年瑰宝。（梅花山中国虎园研学基地）

主题三 统筹开发九鹏流域，实现综合效益最优。（漳平九鹏溪研学基地）

主题四 仙山梁野觅瀑源，清新武平来“氧”你。（武平梁野山研学基地）

主题五 返璞归真绿茶海，回归自然松花寨。（武平中山松花寨生态茶庄园研学基地）

主题六 传播国兰知识，弘扬国兰文化。（连城兰花博览园研学基地）

第四篇 劳动教育之旅

主题一 醉美西楼农业兴，传统手工技艺强。（新罗苏坂西楼中小学研学基地）

主题二 考察田间地头，献策生态农业。（新罗适中山福生态农业科普教育研学基地）

主题三 深挖文化内涵，创思农庄项目。（永定富川一甲土楼研学基地）

主题四 探秘立体养殖，保护生态环境。（上杭苏家坡畲家生态农业研学基地）

主题五 探究梅业发展，建设美丽乡村。（上杭观音井百果园研学基地）

主题六 走进高山茶园花乡，开展职业生涯规划。（漳平永福台湾农民创业园研学基地）

第五篇 国防科工之旅

主题一 新罗区大池镇中央苏区红军学校纪念馆，新罗区江山镇山塘兵工厂旧址，紫金地质矿产博物馆。

主题二 长汀县松毛岭国防教育基地，永定区军腾国防教育训练基地漳平市国防教育体验中心。

主题三 福建省汇创新高电子科技有限公司，长汀盼盼食品有限公司，福建信通慧安科技有限公司，福建振杭机器人装备制造有限责任公司，龙岩索利普智能科技有限公司。

五、抓住重点,规范操作

(一)操作重点:注重实践性、突出参与性,增强生动性,提升课程的吸引力和感染力,形成显著的区域特色。

(二)主题目标:切合综合实践活动课程的价值体认、责任担当、问题解决、创意物化等目标。

(三)操作框架:按照项目设计的路径整合红色文化、客家文化、生态文化、国防科工及劳动教育5大板块的研学课程内容;课程框架包含4大板块和3个阶段,即课程目标、课程内容、课程实施及课程评价4大板块,研学准备、研学过程和研学总结3个阶段。以此课程框架为模板,设计不同的研学主题,提炼相应的课程资源。

(四)板块内容:依据不同的主题,采用不同的学习内容。

六、课程建设,取得成效

(一)指导用书正式出版

历时一年半,通过实地考察、集中研讨、征求意见、修订完善等多个环节,编写、出版了《龙岩市高中研学课程指导用书》《龙岩市初中研学课程指导用书》《龙岩市小学研学课程指导用书》,作为全市中小学教师的指导用书。

(二)统筹规划,加强管理

近几年笔者主持福建省普通教育研究室立项课题“学校综合实践活动课程规划与实施”,注意与研学实践教育相结合,进行统筹规划。注重规划的基本原则:整体设计、综合实施,对办学理念、办学特色、培养目标、教育内容进行设计,依据学生发展状况、学校特色、可利用的社区资源,对学年、学期活动做出规划,确定规划方案,形成方案后,列入教学计划,与学科内容、学生关注的社会问题、学校特色相结合。

做好各个阶段的管理工作。首先是准备工作,进行学生教育、教师指导任务落实。其次,实施过程中,要注意确保学生的探究、体验、服务、制作各项活动有序、有效地进行。最后,总结阶段,组织学生整理实施过程中获得的信息资料,召开总结汇报会,并且给予评价,检验课程实施效果,也可适当拓展活动内容。

（三）加强教师队伍建设

1. 实施多学科多层级教师实地培训

举办研学导师培训班，参训对象有校外研学教育基地、校外活动中心业务骨干以及学校指导研学实践教育的地理、生物、政治、历史、科学等学科教师或年段长。发挥研学教师的专业示范作用，尝试选择需要学科知识的研学点进行探索，凸显教师的专业指导。与综合实践活动课程一起统筹考虑，形成整体的规划，建立助力课程实施的课程管理机制，落实课程实施的每个环节。策划研学指导教师培训，教师模拟学生身份，经历研学准备、研学过程、研学总结3个环节，课程编写组教师引导教师学会运用科学方法开展研究的探索。比如，针对梅花山虎园和古田会议，生物学科和历史学科教师如何应用学科知识，实现学科知识在研学活动的延伸、综合、重组与提升。

2. 联合办班，培训提质

龙岩市与福建教育学院联合举办了“2020年福建省高中教师省级培训（综合实践活动龙岩班）”，主题为综合实践活动研学旅行模式探索。龙岩市60名教师参与培训。在培训中教师模拟学生进行研学准备、研学过程、研学总结3个阶段的实操。从确定选题、制订计划，到实地开展研学实践活动，并进行精彩的总结汇报。

（四）观摩学生实践情况

通过实地考察永定一中、永定二中学生研学活动，对高中、初中学生的学情进行分析、研究，真实而有效地确立教学导向。特别关注对研学准备中的计划制订、研学过程中基于情境的实践活动、研学总结3个环节的指导。

（五）创设平台，推动应用

2020年11月研学课程指导用书正式出版供教师使用后，笔者组织了研学课程片段教学，共有34位教师参赛，教师各具特色，为大家呈现了一个个富有本土特色的研学课程片段。抽取的教学片段内容多种多样，有选题指导，有方案制订，还有成果展示交流等。研学主题丰富多彩，有探访革命圣地，体悟红色文化的；有加强湿地保护，改善生态环境的；有走进劳动教育基地，了解农耕文化的；也有学习整理行囊，增强动手能力的。

笔者从中再挑选4个主题进行课堂教学：“走进富川一甲，创意设计稻草人”

“走进永定土楼,体验客家文化”“漳平南洋‘茶之韵’文化节活动方案制定”“连城县客家博物馆研学——花灯韵,客家情”,组织送教到学校。

这两项活动既为龙岩市研学课程的应用提供了很好的实践探索平台,又促进了教师之间的交流展示,为研学旅行在闽西的实践提供了很好的范本。

七、特色、亮点

(一) 基于主题实践活动,对闽西传统文化、世界文化遗产等资源进行探索、实践和整合,将研学旅行与学校课程、德育体验、实践锻炼有机融合,创新德育形式,以此为契机推动全省德育活动的开展。

(二) 成果运用与示范推广:多层级师资培训、多维度教学比赛、多场次送培送教。

(三) 厘清闽西红土润心研学课程的内涵,凸显闽西样板的研学课程特征,优化研学课程的育人价值,建立课程评价制度创新的化解之道,探索研学课程融入学校课程的实现路径。

八、下一步努力方向

(一) 继续抓好学校课程的规划、实施指导。

(二) 通过评价导向引领研学质量提升。

1. 双向互评:把学校和研学实践教育基地连接起来,一方面学校的教师、学生对研学实践教育基地进行评价;另一方面在活动结束之后,研学实践教育基地相关人员也要对这所学校的管理、教师和学生进行评价。

2. 构建多元化评价体系:第一,评价课程目标达成情况。第二,评价研究方向和研究主题。第三,评价所应用的研究方法、调查工具与手段。第四,针对成果和成果整理方面进行评价。第五,在总结交流与评价上,评价形式力求多元化,包括自我评价、组员评价、教师评价等。第六,活动之后的拓展与创新,进一步深化学思结合、知行合一。

3. 评价内容。对学生、教师、学校的评价贯穿于整个研学过程中,对学校的评价侧重于规划、实施情况、管理制度3个方面,重点评价学校研学课程的实施方案是否全面、科学,年级实施方案是否与学校方案相对应,研学指导组计划是否具体而有针对性,是否可以促进学校对研学课程的重视、提高研学质量。对教师的评价突出对教师指导过程的考核，通过考察教师在研学准备、研学过程、研学总结3个阶段的指导表现，评价教师指导的有效性是否可以提高教师的指导力量。对学生的评价包括过程性评价和总结性评价，通过评价学生的活动计划、活动记录单、活动现场照片、访谈记录、服务心得、创意作品、学生践行社会主义核心价值观、弘扬中华优秀传统文化及道德认知行为表现等方面情况，帮助学生全面认识自己。

区域性中小学研学课程体系的建构与实施

中小学生研学实践教育是校内外教育相互衔接的创新形式，是实践育人的有效途径。近年来，不少学校、研学基地开展了常规化探索。笔者通过调研了解到，在研学实践教育课程（以下简称"研学课程"）实施上存在明显的"旅而不研"的现象，较多停留在"说走就走的旅行"，或简单的"景点+讲解"、粗放的"活动+参观"，偏离了研学旅行的教育属性。笔者认为：应该培养课程意识，关注区域性研学课程建设。区域性课程资源要根植乡土、贴近生活，区域性研学课程应有利于加强学校教育与生活的联系，符合陶行知先生的生活教育理论。为此，笔者在选择区域性课程资源时，针对研学课程的特殊内涵等方面进行了深度研究和实践探索，旨在促进中小学区域性研学课程的建设和实施。

一、构建富有价值的研学课程体系

在充分遵循教育规律、把握青少年认知特点的基础上，开发区域性课程资源，引导学生跳出课堂和走出校园，融入更广阔的社会课堂，去感受生活，体会人与自然、人与社会、人与自我的关系。引导学生在研学旅行中发现、提出、解决问题，注重深度体验，促进所学知识和社会实践相融合，获得直接经验，发展核心素养，尤其是综合实践能力与创新能力，并厚植家国情怀，强化对社会及家庭的责任，践行社会主义核心价值观，体现教育赋予研学旅行的意义。

（一）构建"守正创新"的课程结构框架

研学课程是融知识性、技能性、体验性为一体的课程，也是一门多学科、跨学科的综合课程，牵涉到课内外，所以要对相关资源进行整合。为保证研学实践教育的质量，课程开发是其核心。针对教育部实践教育研究所王晓燕专家指出的"当前课程定位、目标不明确，内容达成教育质量不高，形式单一，缺乏跨学科综合实践活动的育人体系”等问题，笔者认为：研学实践教育作为综合实践活动课程的新形式，同样会采用考察探究、职业体验、设计制作与社会服务等多种活动方式。因此，需要坚持守正与创新，去探索构建课程结构框架。守正主要体现在：结合培养责任担当、问题解决、价值体认、创意物化方面的意识和能力，提出对应课程的目标，凸显研学课程的教育功能和育人价值。创新主要体现在：探索研学课程的开发与实施，注重实践性，突出参与性，增强生动性，提升课程的吸引力和感染力，形成显著的区域特色。具体如图5-1所示。课程框架包含4大板块和3个阶段，即课程目标、课程内容、课程实施及课程评价4大板块，研学准备、研学过程和研学总结3个阶段。以此课程框架为模板，设计不同的研学主题，提炼相应的课程资源，引导学生从课堂走向社会，从校内走向校外，从理论知识学习到亲身实践体验，有效发展学生的人文素养，培养学生的创新精神、探究能力和社会责任感。

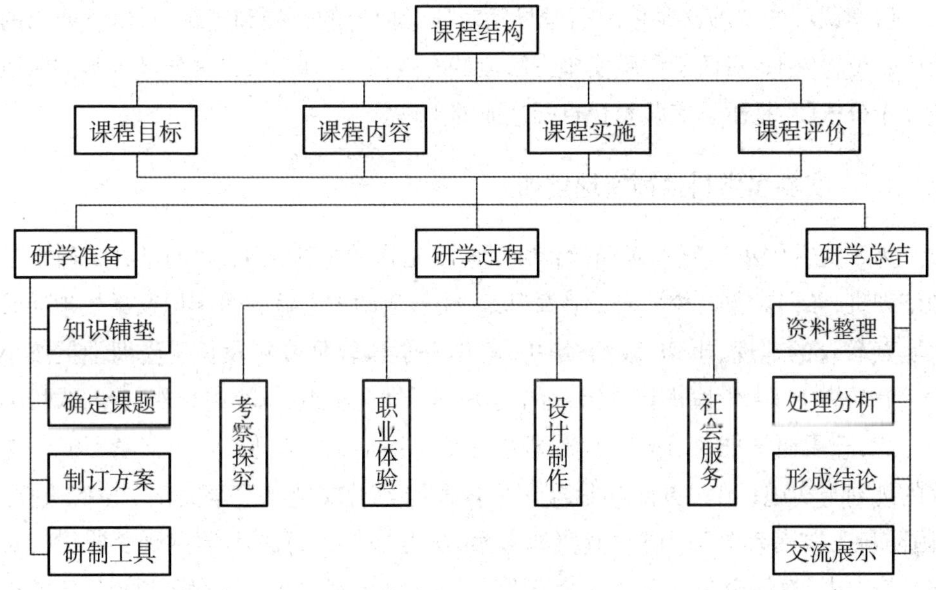

图5-1　研学课程框架

（二）精选区域性研学课程资源

研究团队结合龙岩市历史文化特点与社会发展现状，结合学生开展研学实践教育的基本要求，充分利用当地的历史人文场馆开展研学，选择较有区域代表性的红色文化、客家文化、生态文化、国防科工及劳动教育5大板块的研学课程内容，设计了适合小学、初中、高中的区域性研学活动课程体系和研学线路。

例如，中学阶段的客家文化板块，选择永定客家土楼为研学主题，课程内容有：通过考察、访问，亲身体验土楼的和谐理念，实地参与了解土楼、保护土楼和传承土楼文化的社会服务、实践活动，增进合作意识和服务意识；通过研究性学习的方式，对个人或小组在研学准备过程中发现的有关永定客家土楼的问题进行实践探究，对土楼文化内涵形成自己的理解，加深对土楼的认识。初步掌握科学探究的步骤和方法，并能合作解决在研学过程中遇到的实际问题，培养合作意识。通过朗读土楼家风家训，讲述名人家训家风故事，模拟私塾学习场景，书写土楼楹联，学习打竹板、吹树叶、木偶戏，表演客家美德故事，做土楼小导游等现场活动，汲取土楼文化精华，树立正确的理想信念和高尚的道德情操。

二、培育业务精良的研学导师队伍

研学课程的实施必须依靠研学导师对研学内容的选择和组织、对研学要求的明确定位，特别是对研学课程实施三阶段的有效指导。因此，做好研学导师的队伍建设十分重要，是研学实践教育目标达成的关键。

（一）实施多学科教师实地培训

为了提升中小学研学实践教育师资队伍工作的整体水平，我们举办了研学导师培训班，参训对象有校外研学教育基地、校外活动中心业务骨干以及学校指导研学实践教育的地理、生物、政治、历史、科学等学科教师或年段长。受训学员按小学、初中、高中3大学段进行分组，每个学段再分4个小组，以小组合作、参与式培训的方式，开展研学准备、研学过程、研学总结3个阶段的活动。一方面学习研学课程的规划与实施；另一方面赴龙岩市中小学生“红色文化”“客家文化”“生态文化”“国防科工”“劳动教育”研学点实地考察，学习如何进行中小学生研学课程的实施。培训中，教师扮演学生角色参与研学活动，综合实践活动课程名师担任研学指导教师，开设研学准备或者研学总结课程。

以古田会议旧址群的研学活动为例，推荐一位历史教师作为该主题的研学导师。按照各学段分成的学习小组，在前往实地之前，导师首先围绕主题组织观看视频、进行知识铺垫，组织学习《古田会议决议》内容，帮助学员了解古田会议的历史背景，同时指导参训教师作为学员，体验如何筛选研究问题，再确定研究课题。各小组充分讨论、分工协作，完成研学课题研究计划表，并进行分享和完善。通过这一环节，学员整体上了解了研学实践活动的行前准备工作和设计思路。在研学过程中,学员参观古田会议旧址群和古田会议纪念馆,进一步探究古田会议精神的内涵,学习与探究革命历史、体悟红色文化和传承红色基因。对如何在今后的研学指导中增加爱国主义教育,激发青少年热爱祖国、家乡的情感,树立报效祖国的远大理想这几个方面,各参训学习小组进行了深入的探讨,为研学总结工作做了充分的准备。接着导师组织了“古田军号”主题研学实践教育总结汇报课,各小组按照问题由来—活动过程—研究结论—建议对策—体验感悟等环节进行汇报。3个阶段的实地培训后,学员感到收获较大,切实体会到了研学准备和研学总结的重要性和必要性。

(二)发挥研学教师专业示范作用

尝试选择需要学科知识的研学点,探索教师的专业指导。梅花山是国家A级自然保护区,被中外专家认定为“华南虎最理想的栖息地”。2019年,梅花山被认定为龙岩市首批研学基地。考虑到七、八年级生物学科有生物圈、动物资源及保护、生态系统的结构和功能等有关知识,为应用这些知识探索梅花山,笔者特别挑选了一位初中生物教师开设“保护珍稀物种　维护生态平衡——中国虎园研学实践教育行前课”。在这节课上,指导教师结合生物学科知识,介绍了新时代生态文明思想的内容,梅花鹿与猕猴的种群状况、华南虎与特有珍稀动物的现状及保护、红豆杉与珍稀植物的现状及保护、珍稀鸟类及生态系统的多样性及保护等知识,接着让各小组提出问题,完成选题确定工作,明确虎园研学实践教育的研究方向。随后,小组带着问题来到步云游客中心总体了解梅花山虎园的概况。小组成员对华南虎进行了初步的了解,补充了很多知识,对华南虎的生活环境、生活习性及其现状等有了一定的认识,知道了对我国特有珍稀濒危动物——华南虎保护的迫切性和任务的艰巨性。通过这半天的研学体验,在专业研学导师的示范引领下,参训教师懂得了如何引导学生在大自然研学过程中发现问题、解决问题,懂得了如何将教育理念以及学科知识融入大自然研学过程中,以此启发学生,让学生热爱大自然并具有保护大自然的强烈意识。

三、落实助力课程有效实施的管理机制

学校的管理层首先要吃透各类文件精神,在学校组织实践有德育体验、实践锻炼和系列知识类的探究活动,还要通过各学科课程落实劳动教育,同时培训教师,让他们引导学生主动运用各门学科知识,将实践中所发现的问题在相关学科学习

中进一步拓展,深化学科课程的学习与应用。让学生在研学实践教育中通过亲历感悟、实践体验、行动反思等方式,实现专题教育的目标。

(一) 统筹规划管理

目标确立后,校长总负责,厘清研学实践教育与学校课程、劳动教育、德育互相交叉、互相渗透的关系,结合学校特色、可采用的研学内容,对综合实践基地和研学旅行基地等进行全方位考察。分管教学的副校长负责教研、教务,组织教研组编写具体的研学内容,使学科知识在研学中得到延伸、综合、重组与提升。分管德育的副校长负责德育、团队建设,将德育内容、教育目的与专题教育相结合。学校汇总德育部门、学科教研组的计划,达成共识。然后由领导小组、骨干团队统筹规划,制定具体的"学校学年(或学期)综合实践活动课程实施方案",将研学实践教育纳入其中。各年段再细化,形成学校、年级、班级三级管理体系。

(二) 落实实施环节

形成方案后,将研学课程列入教学计划,与学科内容、学生关注的社会问题、学校特色相结合,做好研学课程各个阶段的具体工作。首先,是研学准备工作。落实学生学习、教师指导任务,严密策划行程,拟定安全预案,印制研学手册,给予学生充分的探究准备时间。其次,在研学过程中,要注意确保学生的探究、体验、服务、制作各项活动有序、有效地进行。最后,研学总结,组织学生整理研学过程中获得的信息、资料,召开总结汇报会,并且给予评价,检验课程实施效果,也可拓展研学内容。

(三) 优化评价体系

为了推动研学课程的有效实施,应该将对学校、教师、学生的评价贯穿于整个研学过程中。通过对学校的评价,可以促进学校对研学课程的重视、提高研学质量;对教师的评价,可以提高教师的指导能力;通过对学生的评价,可以帮助学生全面认识自己。

通过区域性研学课程建设,我们开发了一批研学实践教育活动课程,设计了研学实践教育精品线路,培养了一批研学导师队伍,促进了学校的规范实施。但是,作为新生事物,学校对课程规划、管理还存在一定的误区,习惯于形式化、走过场,仍然担心会影响学生学科学习,担心安全和收费问题,不敢放手开展,特别是不善于发挥学科教师的专业特长。教师对研学实践教育认识不到位，而这门课程对教师的综合素质要求比较高，长期的课堂教学让教师习惯于以自己为主，没有充分发挥学生的探究能力，学生有合作意识但缺乏主动学习能力。今后，还需要加强研究，通过区域教研、校本教研、教研组系列活动，推动区域性研学课程建设的发展。通过这门课程，培养学生的创新意识和实践能力，在培养研学教师队伍的专业化水平方面下功夫，努力形成区域性中小学研学实践教育的良好局面。

龙岩市中小学研学课程的主要创新及影响

一、指导思想

以习近平新时代中国特色社会主义思想为指导思想，贯彻落实《关于深化教育教学改革全面提高义务教育质量的意见》《关于全面加强新时代大中小学劳动教育的意见》《深化新时代教育评价改革总体方案》《关于推进中小学生研学旅行的意见》等文件以及全国教育大会和省教育大会精神，以项目体验和社会实践为导向，突出“做中学”，实现研究性学习与集体旅行的一体化；突出任务驱动，通过开展兴趣与任务“双轮”驱动的项目学习、社会学习和体验学习活动，让学生在研学旅行中获得积极的多元体验，发展实践能力，培育创新精神，从而达成研学旅行的教育目标。

二、基本观点

（一）以新时代研学实践教育目标为指引，提升闽西研学资源的育人成效

因地制宜精选闽西区域性研学教育资源，构建富有特色的区域性研学课程框架，以引导学生在研学旅行中以深度体验为根本追求，强调学习目标、学习内容、学习过程与学习方式的探究性，呈现对微问题、具体实践情境以及旅行过程体验的真实性，突出活动过程与阶段成果的生成性。指导学生从已知出发，综合运用所学，自主探究与实践，开展合作学习，在旅行中研学，在研学中旅行，在有益的探索中深度体验实践，收获新知的同时拥有智慧，从而强化“立德树人”的教育成效。

（二）以项目体验和实践学习为导向，发挥闽西研学实践的比较优势

以项目体验和实践学习为导向，在主体目标和方法层面高度统一，将总目标分

解和细化为不同层次的具体目标。以体验性和表现性目标为主、结果性目标为辅，共同构建闽西研学旅行课程具体目标体系。聚焦核心素养与关键能力，落实"立德树人"根本任务，定位与建构课程目标，以期实现校内课程与校外课程、知识性课程与实践性课程整体化发展，在思想政治导引、道德情操示范、心理心态优化、审美情感熏陶和创新实践突破等方面发挥研学课程的比较优势。

（三）以"真"问题为驱动引擎，凸显闽西研学实践独特作用

通过"真"问题驱动研学旅行课程，可以把知识、能力与现实问题情境紧密联系在一起，让学生在边游边研中习得知识，发展关键能力，践行社会主义核心价值观和获得丰富的情感体验。学生自主生成的问题是"模块化"项目学习和实践的驱动引擎，也是学生深度体验的思维催化剂。真正在目标导向、课程内容、载体和教育作用上，让研学旅行课程与基础性课程在落实育人目标上构成互补关系.建构学习者感兴趣的现实情境，让学生亲身体验研学旅行的完整过程，在旅行体验中发现问题、提出问题、分析问题、解决问题、收获成果。这个解决问题和学习体验的过程也是"做中学"的过程，鲜明地体现了杜威"做中学"的理论，实现"游"与"学"的有机融合和一体化。

三、主要创新

（一）以"红土润心　铸魂育人"为核心目标的"五四三"课程实施范式设计研学课程

按照项目设计的路径整合红色文化、客家文化、生态文化、国防科工及劳动教育5大板块的研学课程内容，设课程目标、课程内容、课程实施及课程评价4大要素，分研学准备、研学过程和研学总结3个阶段。以此课程框架为模板，设计不同的研学主题，提炼相应的课程资源。本成果的课程框架如下页图5-2所示：

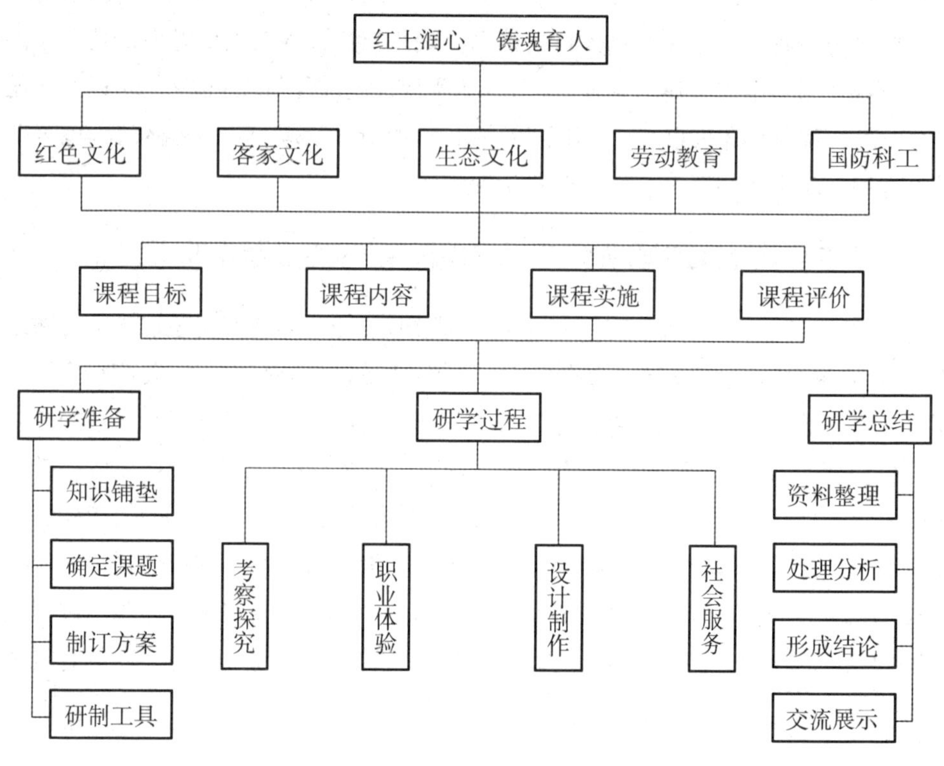

图5-2 “五四三”课程框架

(二) 运用“一带动、两依据、五结合”的方式研制研学课程

“一带动”指通过承担龙岩市教育局的“龙岩市研学课程开发”项目带动成果研制。“两依据”指理论依据、政策依据。研制不是凭空而来,而是依据中共中央、教育部的政策文件、指导纲要等进行设计。“五结合”是指在调查了解学生、一线教师、研学基地导师、部分家长意见和需求及征询高校专家意见的基础上,结合各方反馈信息进行课程研制和设计的方式与过程。

(三) 创设了德育、传统文化和综合实践活动融合与创新的研学教育模式

以闽西特色文化为载体,基于主题实践活动,对闽西传统文化、世界文化遗产等资源进行探索、实践和整合,将研学旅行与学校课程、德育体验、实践锻炼有机融合,创新德育形式,创设德育、传统文化和综合实践活动融合与创新的教育模式,让学生深入理解和践行社会主义核心价值观,充分达成“立德树人”的目标要求。

四、学术价值

（一）厘清闽西红土润心研学课程的内涵

准确把握龙岩区域优质资源，厘清闽西红土润心研学课程内涵，凸显闽西样板的研学课程特征，优化研学课程，铸魂育人价值，建立课程评价制度创新的化解之道，探索研学课程融入学校课程的实现路径。

（二）解决研学实践活动“游”与“学”的冲突

解决“游”和“学”的冲突，使研学课程等于学加上游再加上好玩的任务，实现“自主学、自主游、自由体验”的深度融合，让研学实践教育活动回归课程的本质，引导学生从封闭的教室走向真实的社会生活，在更为广阔的时空内“用自己的眼睛观察社会、用自己的心灵感受社会、用自己的方式探究社会”，最终实现自我发展。

（三）编写的研学课程指导用书填补了研学课程指导用书的空白

此前，市场上只有少数地市有研学课程资源开发的丛书，还没有完整的研学指导用书，大多数教师缺乏课程设计的相关理论知识和课程指导意识，研学课程规划设计欠缺统筹性、科学性和可执行性，研学课程目标虚化，实施过程忽视探究性，缺乏超越书本和跨越学科界限的真实学习情境，评价与反思不到位，研学实践教育活动最终演变为单纯的旅游或者毫无兴趣的学习。本套研学指导用书在学生活动、指导要点、设计意图方面都进行了明确的说明，为教师指导研学实践教育活动指明正确的方向，起到了正确的导向作用，填补了研学课程指导用书的空白，破解了系列难题。

五、社会效益

（一）成为研学师资培训的重要资源

项目参与人共同研制的《龙岩市中小学研学实践教育规划与实施》被龙岩市教育局采纳，得到国培专家的高度评价。

通过国培项目平台为全国近二十个省级行政区研学师资进行专题培训，通过省培项目平台辐射带动本省各市中小学研学师资培训，通过市县送培送教平台，为乡村学校培训研学师资。

（二）课程化实施增强了教师的课程理解能力和课程实施能力

对教师如何帮助学生做好研学实践的前期准备、过程参与及后续小结、展示，对如何增强学生的研学体验及探究等，具有很好的参考价值与指导作用。

（三）课程化实施让学生获得多元体验，发展关键能力，培育创新精神

问题驱动的龙岩市中小学研学旅行课程把知识、能力与研学中生成的问题情境紧密联系在一起，引导学生从课堂走向社会，从理论知识学习到亲身实践体验，传承闽西的红色文化、客家文化、生态文化，接受劳动教育、国防教育，让学生在边游边研中习得知识，发展关键能力，践行社会主义核心价值观和获得丰富的情感体验。

（四）盘活当地优质的研学实践教育资源，拓展学校德育课程内容，推动学校课程体系的重构与完善

有机融入区域革命传统文化及特色客家传统文化，纳入劳动教育，渗透生态文明理念，真正在目标导向、课程内容和载体、教育作用上，让研学旅行课程与基础性课程在落实育人目标上构成互补关系。

案例分享篇

课程改革以来，笔者作为探索者，经历了近二十年的探索实践，投入了大量的体力、精力、心力，在这个过程中有“路漫漫其修远”的求索，有“山重水复疑无路”的迷茫与困惑、也有“柳暗花明又一村”的惊喜与收获。

指导学生开展研究性学习，其中的《土楼回响和谐共鸣》荣获福建省科技创新大赛三等奖。学生的研究也激发了笔者的思考，当时笔者正是福建省第十一届人大代表，由此而参与起草《福建省“福建土楼”世界文化遗产保护条例》。结合土楼文化资源，指导教师开设了“土楼楹联文化唱响社会主义核心价值观”主题班会课。

2017 年，笔者撰写了《闽西传统文化的传承与创新主题实践》案例，被评为教育部德育工作优秀案例。

2019 年，笔者结合研学旅行，撰写了《走进永定客家土楼　探寻世界文化遗产》研学案例，入选教育部征集案例。

本篇重点分享笔者在研究过程中的一些案例，供读者参考。

闽西传统文化的传承与创新主题实践

（全国德育工作优秀案例）

为推动全省中小学德育工作的改革与创新，福建省教育厅组织评选福建省中小学德育建设示范项目。笔者总结多年来在各县（市、区）部分学校，指导开展德育、传统文化和综合实践活动融合与创新，创设“闽西传统文化的传承与创新主题实践”的一些特色做法。

闽西拥有丰富的传统文化，蕴含着宝贵的精神财富。传承闽西传统文化，大力弘扬自强不息、敬业乐群、扶危济困、见义勇为、孝老爱亲等中华传统美德，有利于促进社会和谐、鼓励人们向上向善。这些丰富的传统文化资源，可以设计进传统文化传承和创新主题实践活动中。通过开展以德育为主线的主题实践活动，了解闽西传统文化，充分发挥学生的主体性和能动性，将德育工作落到实处。下面就项目的基本情况、经验做法、成果成效、辐射和推广情况作具体介绍：

一、基本情况

该项目主持人是龙岩市教科院教研员，指导实验学校开展项目研究。参加项目实验的有：龙岩师范附属小学总校、永定二中、永定区胡文虎小学、漳平三中4所学校。项目实验学校分别围绕各自的子项目开展研究，分别是“龙岩‘龙文化’的探究”“汲取客家土楼文化精华　培养社会主义核心价值观”“唱响客家祖训家规”“漳平畲乡风情录”。

二、经验做法

（一）以闽西传统文化为主线，用综合实践活动课程的理念设计，通过主题实践活动等形式，充分发挥学生的主体性和能动性，将德育工作落到实处。把主题实践活动引入主题班会，创新主题班会的形式，提升班级德育的实效性。基于主题实践活动，对闽西传统文化资源进行探索、实践和整合，着重于创新德育形式，达到传承闽西传统文化和创新主题实践的作用。实现追根溯源、传统文化与主流价值观的结合、传统文化与家庭教育的结合、民俗民风与社会价值的结合。设计德育主题实践活动,确定学校某个年段作为示范年段,班主任依据闽西传统文化,遵循学生身心发展规律和思想品德形成的特点,开展传承传统文化及创新德育主题实践活动。

(二)组建校长总负责,分管副校长具体负责,政教处主任抓落实,年段长、班主任、综合实践活动课程指导教师、社会实践基地教师齐抓共管的团队,创设三种课型:指导学生进行调查研究的方法指导课,班主任与社会实践基地校的教师、家长共同参与的实践课,主题班会课。

(三)发挥社会实践基地校资源优势,提升育人效果。实验学校结合社会实践基地校完成实践活动,基地校的教师组织学生深入土楼对传统文化进行实地考察,组织学生结合实践活动,谈感想、说体会,进一步达到育人效果。帮助学生积极拓展和提升,深入探索土楼传统文化的真谛。

调动家长资源,为社会实践活动提供有力保障。通过"假日小分队"的模式开展实践活动,这一模式易操作、有效果,能够发挥家长的作用,保障安全。

以具体的探究活动推动抽象的文化传承。通过对畲乡传统文化的探究,同学们对传承畲乡传统文化有了更深层次的认识。

三、成果实效

笔者布置实验学校探索从闽西传统文化中传承与创新主题实践,开设面向全体学生、符合学校和班级特色的德育主题实践活动;通过项目研究,培养部分德育工作者,加强德育教育,开展传统文化资源主题的实践活动,实现育人目标。具体成果如下:

(一)总结、提炼出龙岩市开展德育主题实践活动的主要做法、措施和策略;

原来的操作流程:前期采用"选择德育主题—开展主题实践活动—总结交流—拓展提升—服务社会"5环节。通过前期的实验,发现学生开展实践活动时计划性不强。

后来总结、提炼出"选择德育主题—制订计划—开展主题实践活动—总结交流—拓展提升—服务社会"6环节"222"板块模式。

(二)学校方面:学校德育工作凸显特色,成为校园文化建设的一道亮丽风景线。比如,通过开展到土楼的实践活动,各班组织召开以"践行社会主义核心价值观,弘扬土楼传统文化”的主题班会,团委开展“弘扬客家祖训”主题团队活动,学校开展“社会主义核心价值观及土楼传统文化”宣讲活动。学校积极鼓励教师将社会主义核心价值观和土楼传统文化融入课堂教学,政教处和团委组织开展文艺晚会、演讲比赛、书法比赛、手抄报比赛、征文比赛等系列活动,通过课堂及系列活动,让土楼传统文化及社会主义核心价值观深入人心,起到潜移默化的教育效果。结合团委组织开展的青年志愿者活动,将“宣传社会主义核心价值观和土楼传统文化”的内容融入志愿者活动中去,通过印发宣传材料,让志愿者发放到群众和游客手中;通过组织志愿者到土楼景区和客家博览园当义务小导游,向游客宣讲社会主义核心价值观和土楼传统文化。通过开展系列志愿者活动,让更多的人了解和知晓社会主义核心价值观和土楼传统文化。

(三)教师方面:教师通过指导学生开展主题实践活动,进一步认识了传统文化的内涵,提炼出实践育人、文化育人、课程育人的有效模式,为今后提升德育工作起到了很好的推动作用。教师的综合能力得到明显提升,德育课堂的组织能力、实践活动的指导水平均有较大的提高。

(四)学生层面:学生增进了对社会主义核心价值观和传统文化的了解和认识;学生综合能力有了提高,在活动中,收获很多研究问题的方法,如对资料搜集、筛选、分类的方法,探究课题的方法,考察、访谈的技巧,处理数据、照片,视频配音和剪辑的方法,发展了口语交际及与人合作、交往的能力,学会勇于面对并解决困难,还从实践活动中体验到与人合作、交往、分享的乐趣;学生的科学文化素养和人文素养得到了提升。在活动中,学生既掌握了相关的科学知识,体验了科学探究的过程与方法,又吸收了前人的智慧和经验。

四、辐射和推广情况

在福建省教育学院组织的初中班主任(龙岩班)培训中,实验教师开设“客家土楼楹联唱响社会主义核心价值观”观摩课,与会的100多名班主任反响很好,笔者还受邀作了“德育主题实践活动的设计”讲座,将此项目的操作模式进行了介绍。学员们认为,在今后的班主任工作中,用这种模式开展班级德育教育工作,有效且易操作,非常有必要推荐。

当然,项目实施过程中也存在问题,例如有些学校领导认识不到位,将项目作为活动进行布置,没有对实践成果进行总结与升华,项目与主题班会结合不够紧密,影响了实验效果;方法指导环节有所弱化,出现学生实践活动走过场现象。

2017年1月中共中央办公厅、国务院办公厅印发了《关于实施中华优秀传统文化传承发展工程的意见》,项目组结合文件,针对上述问题,将继续完善项目,形成更有效的模式。项目组将强调按"222"板块模式进行设计,注重各板块任务完成到位,争取下学年能够尽快投入新一轮的实验,更快更好地探索传统文化实践育人的模式,努力创新全市的德育工作。

走进永定客家土楼　探寻世界文化遗产

(入选教育部中小学综合实践活动课程资源征集案例)

永定客家土楼是一种本土民居建筑,以其精湛的建筑艺术和丰富的文化内涵著称于世。2008年7月,以永定客家土楼为主体的福建土楼被列入《世界文化遗产名录》。本主题依据高中阶段以省情、国情为主的研学旅行活动课程体系,特别设计了适合高一、二年级学生开展的“永定客家土楼——世界文化遗产”研学课程。用两天时间较全面地探究永定客家土楼文化,适当参与保护与传承永定客家土楼传统文化的服务活动。学生在完成该研学任务时,将加深对客家传统文化、土楼建筑文化的了解,以及对闽西地形地貌特点,地理知识、社会主义核心价值观的认识,特别是地理、历史学科知识在研学旅行活动中得到拓展、延伸。目的是让学生了解永定客家土楼蕴含的科学道理和深厚文化,体验科学探究的过程与方法,提升科学素养;还可以培养学生发现问题、解决问题的能力,增强社会责任感。

一、主题目标

(一) 价值体认:学生通过到永定客家土楼研学旅行,实地考察、访问,体验土楼与大自然的和谐、内部布局的和谐、人与人之间的和谐,汲取客家土楼文化精华,树立正确的理想信念和高尚的道德情操,逐步树立社会主义核心价值观。了解客家土楼建造蕴含的科学道理及其文化,增强学生的文化自信和价值观自信。学生参与体验夯土墙,感受客家人的艰苦劳作,更加珍惜当今生活。

(二) 责任担当:学生设计传承永定客家土楼文化的方式,参与社区服务与社会实践活动,开展保护土楼的志愿者活动和传承客家土楼文化的活动,提高创新意识和服务意识。

(三) 问题解决:针对研学地点,确定关于永定客家土楼的一些问题,让学生进行实践探索,掌握科学探究的步骤和方法,对研学中遇见的实际问题能合作解决。对土楼文化内涵能提出有说服力的解释,形成较规范的研究成果,对永定客家土楼有更全面的认识。

(四)创意物化:学生能根据所了解的土楼建筑情况,设计土楼模型、土楼纪念品,结合土楼楹联文化,创作楹联作品,设计土楼旅游的最佳线路等,呈现更多的物化成果。

二、主题结构

(一)研学准备(建议:3课时+课外)

1. 知识铺垫、课题准备(建议:1课时)。
2. 规划研学方案(建议:1课时)。
3. 行前准备,研制工具(建议:1课时)。

(二)研学实践(建议:2天)

(三)研学总结(建议:3课时+课外)

1. 整理材料、对设计案进行反思和评估。
2. 总结交流及撰写研究报告。
3. 成果展示及总结评价。

三、实施条件

本研学案例力求通过研学旅行解决学科课程知识在校外的延伸和拓展。学校结合"永定客家土楼——世界文化遗产"进行年段研学规划,并列入教学计划。

学校有研究性学习课程和研学旅行活动课程两套管理体系,所有安全、后勤(交通、食宿)保障方案已具备,有课程辅导员和研学辅导员两支队伍;有可以上网的教室、相关书籍。

四、学习过程

(一)研学准备(建议:3~4课时)

1. 活动任务

借助地图,了解永定客家土楼的地理位置,查阅相关资料,了解景观、地形特点、环境等方面的内容,观看《土楼之都,客家故里》视频,上网搜索有关永定土楼的资料;上网搜索土楼的分类、建筑工艺和历史;运用所掌握的基本理论知识,收集和处理有关信息,发现值得探究的实际问题,积极参与团队研学准备工作,确定研究课题，制定科学的研究计划和路径，运用适合的研究方法和设备，研制研究工具；规划研学方案；做好行前准备工作。

2. 活动准备

场地：多媒体教室、阅览室

材料：土楼研学导图、土楼宣传视频及相关书籍

知识与技能：地图识读能力，方位认知能力；土楼建筑知识，客家文化方面的知识；科学的研究方法，结合具体内容研制问卷调查表、访谈提纲等工具的能力；合作探究能力；掌握设计研学规划方案的要点。

3. 学习过程

(1) 定课题，做计划

① 了解土楼，提出问题

学生活动：通过观看视频、上网、访谈身边的人及到图书馆查找相关资料，然后通过教师引导，初步了解永定客家土楼，产生对土楼的向往和探究兴趣，并提出自己感兴趣的问题。

指导要点：指导学生如何了解土楼分类、建筑工艺和历史等相关资料，帮助学生初步认识土楼，为发现和提出问题做好铺垫。指导学生从土楼结构、形状、建筑特点等几个方面观察土楼，了解土楼的文化内涵，了解客家文化，了解土楼的历史人物，从中找出感兴趣的问题。注意引导和鼓励学生自主发现和提出问题。

② 组建小组，确定课题

学生活动：学生根据前一阶段的准备工作，确定研究问题。将研究问题进行细化，使研究更有针对性；和有共同兴趣的同学一起组建小组，共同讨论确定想要研究的课题。

指导要点：指导学生选择有相似问题的同学组建研究小组，对问题进行筛选，确定小组研究课题。可以从以下几个方面的课题进行研究：永定客家土楼楹联文化、永定客家土楼美食文化、永定客家土楼历史、永定客家土楼民俗文化、永定客家祖训、永定客家土楼建筑特点……

③ 制订课题研究计划

学生活动：在学校研学方案的基础上，针对课题讨论研究的方向，各研学小组结合研学主题及课题，探讨、制订课题研究计划。

指导要点：帮助学生根据各自的课题研究，选择合适的研究方法，进行合理分工，进一步为课题研究查找相关文献资料，制订研究计划。旨在培养学生有计划、

有准备地做好课题研究工作。

(2) 了解方案,自主规划

① 尝试规划研学方案

学生活动:制订各组的研学方案,要注意将集体活动和小组活动统筹规划。认真填写“永定客家土楼研学规划表”(见表6-1)。列出具体的研学任务和成员分工。根据任务的特点选择合适的方法。依据“研学课题开题阶段评价表”进行自评。

学生活动:小组针对研学方案的内容进行讨论,对研学线路及行程、成果呈现

表6-1 永定客家土楼研学规划表

<table>
<tr><td>题目</td><td colspan="3"></td></tr>
<tr><td>组长</td><td></td><td>指导教师</td><td></td></tr>
<tr><td>研学行程及线路设计</td><td colspan="3"></td></tr>
<tr><td>研学任务(逐条列出)</td><td colspan="3"></td></tr>
<tr><td>课题名称</td><td colspan="3"></td></tr>
<tr><td>方法</td><td colspan="3"></td></tr>
<tr><td rowspan="5">组员分工</td><td>姓名</td><td>任务</td><td>需准备的器材</td></tr>
<tr><td></td><td></td><td></td></tr>
<tr><td></td><td></td><td></td></tr>
<tr><td></td><td></td><td></td></tr>
<tr><td></td><td></td><td></td></tr>
<tr><td>可能会遇到的困难</td><td colspan="3"></td></tr>
<tr><td>预期成果</td><td colspan="3">对永定客家土楼的全面认知
保护和传承永定客家土楼文化的实施方案
小组的课题研究成果
创意物品的设计与展示</td></tr>
</table>

方式进行设计。

指导要点:目前研学行程一般由学校确定,本文的行程、线路更多是以课题探究为主的线路,该份研学方案是课题研究方案和旅行相结合的方案。指导各小组在对课题提出研究计划的基础上,完成研学方案的规划,共同探讨设计研学旅行路线及行程,设计研学旅行参观考察内容,将确定的研究课题列入规划方案,同时指

导各小组讨论研学旅行成果的展现形式，并提醒学生研学过程中的一些安全要素也要进行规划。

永定客家土楼的研学点有洪坑土楼群、南溪土楼沟、高北土楼群、初溪土楼群及振福楼、衍香楼，以及沿途的中川古村落、土楼自然博物馆、永定客家博览园、福建土楼博物馆等。让学生在对各景点有更进一步了解的基础上，参考已有的推荐线路，进行个性化线路设计。举例如下：

a. 永定客家博览园→洪坑土楼群→南溪土楼群→初溪土楼群→中川古村落

b. 永定客家博览园→中川古村落→初溪土楼群→南溪土楼群→洪坑土楼群

c. 中川古村落→初溪土楼群→南溪土楼群→洪坑土楼群→永定客家博览园

② 交流研讨，确定方案

学生活动：小组讨论研学规划方案，特别介绍研究的方法应用，提出研究结果预设，填写研学方案，并研制工具，将方案制定情况组内讨论，提出完善意见，为后期的研学提供较好的方案。

指导要点：针对研究方法、工具，提出更多有建设性的建议，要求学生能够提出多种成果展示方式，结合价值体认、责任担当、问题解决、创意物化4方面的目标设计对应的成果，以及在任务分工合理、准备工作扎实有效、活动有意义等方面进行规划，并布置行前方案的评估和开题报告会。

(3) 汇报方案、精准研学

① 方案汇报，小组互评

学生活动：小组汇报开题报告、研学方案，对所设计的线路、研究方法、成果展示方式及研学准备工作等进行详细介绍。

指导要点：针对各小组填写的研学方案，指导学生提出修改意见，学会分享信息、创意，发展乐于合作的团队精神，尊重他人想法和成果，培养认真、踏实探究的科学态度。

② 交流反思，考察预备

学生活动：针对汇报期间的实际情况，尝试完善各组的研学设计方案，讨论实地考察前的准备要点，对研学准备工作进行评价。

指导要点：完成“永定客家土楼研学旅行准备环节评价表”，并提出调整意见，帮助学生明确实地考察的任务及要求，做好实地考察的各方面准备。引导学生完善设计方案，并对行前的安全注意事项加以强调，让学生准备好需要携带的物件，如用于摄像的手机、问卷、访谈提纲等。为更好地达成责任担当、创意物化的目标，指导学生就保护土楼、传承土楼文化,设计一些志愿者服务活动和创意设计物化成果,如设计保护土楼倡议书、做土楼文化宣传志愿者、设计土楼纪念品、创作土楼楹联等。强调活动安全及注意事项。结合以下内容对研学准备工作进行评价,具体见表6-2:

表6-2　永定客家土楼研学旅行准备环节评价表

组名		组长	
组员		指导教师	
线路设计情况	(　)被采纳(　)较好(　)一般(　)不理想		
研学任务	(　)合理(　)一般(　)不理想		
课题研究	(　)可行(　)不够具体(　)不理想		
研学成果设计	(　)合理(　)一般(　)不理想		

(二)研学过程(建议2天)

活动前指导:这个环节可由研学导师负责带队,小组独立完成考察探究任务;必须再次强调考察任务、要求及目的,避免无目的的漫游,明确回到集合地的时间。如果有可能,导师重点指导考察的实效性,指导学生注意在调查环节中有可能出现的问题:数据获取不到位、时间把握不好、采访对象不配合、小组分工合作欠佳等。指导学生开展好志愿者服务活动。注意提醒各小组,可以根据实际情况,调整预设方案;根据小组选择的课题,对研学规划进行微调。注意指导学生做好生态环境保护,不得损害或者破坏土楼原生态资源。

1. 活动任务

实地了解土楼蕴含的科学道理;通过自然考察、社会调查等形式,探究地质地貌等自然要素,发现、欣赏永定客家土楼与自然环境的和谐统一;了解名人轶事,感受当地文化建设成果;体验科学探究的过程与方法,提升科学思想与科学精神,能够对研究的问题努力寻求基本的解释,提出意见和建议;增强文化自信和价值观自信;完成小组计划的志愿者服务活动;感受集体旅行、生活和研学活动中的乐趣。

2. 活动准备

场地:永定客家土楼

材料:探究的问题、研制的问卷、访谈提纲、用于摄像的手机等知识:了解申报世界文化遗产的要求、《福建省"福建土楼"世界文化遗产保护条例》;总结客家土楼的建筑特色,思考其对当今现代化建设的启示;总结土楼楹联的文化内涵,挖掘和阐发其时代价值;了解永定客家土楼美食的制作方法、永定客家土楼民俗文化知识、永定客家祖训家规、永定客家土楼历史知识、永定客家土楼华侨文化知识。

3. 学习过程

活动1:洪坑土楼群(民俗文化村)

洪坑村现存圆形土楼、方形土楼、府第式土楼等各种类型的土楼数十座,列入《世界文化遗产名录》的有光裕楼、福裕楼、福兴楼、奎聚楼、如升楼、振成楼、庆成楼7座土楼。1993年,洪坑村被列为中国客家土楼民俗文化村。1998年12月,其所在的湖坑镇被公布为福建省历史文化名镇。2001年6月,奎聚楼、福裕楼、振成楼被公布为全国重点文物保护单位。

环节1:参观振成楼和庆成楼

学生活动:在场馆内听取"探秘客家家风与神奇土楼"学习讲座,参观振成楼和庆成楼,重点探究客家土楼楹联文化、家训家规、建筑特点等。学习客家山歌,感受客家风情;观看木偶戏表演,探究非物质文化遗产的魅力;了解农耕用具的种类、名称、用途,了解悠久的农耕文明。

指导要点:提醒学生小组成员要团结合作,共同探讨,安排做好活动过程的记录,文字记载,图像拍摄,录音录像等。结合前期的研究方案,在现场开展探究,及时记录发现的新问题或产生的新看法。指导学生探究土楼溯源,寻找土楼的奥秘,了解土楼的建筑背景,普及土楼的建筑知识、原理,参与体验客家土楼的建筑文化。引导学生认识永定客家土楼最吸引人的主要有两点:一是建筑艺术;二是客家文化。引导学生在振成楼前关注土楼的外形结构,认真考察客家土楼的建筑特点,土楼建造讲究"天人合一",与周边山水和谐共存。进入土楼,感受土楼里面人与人的和谐,大家庭小社会,客家人聚族而居、和睦相处、坚韧不拔、开拓进取、敬祖睦宗、团结互助、耕读为本、忠孝仁义,值得同学们细细品味,深入体会。

指导学生了解客家文化艺术,在家训馆学习客家山歌,弘扬、传承客家文化。

环节2:探究家训家规、楹联文化

学生活动:感受楹联文化,感受古老的土楼蕴含着丰富的人文精神,楹联镌刻、张贴在土楼门框、廊柱及厅堂墙上,成为家族的家训、家规,以教育族中子弟奋发有为,使子孙后代耳濡目染。

参观庆成楼:在庆成楼里,学生从张贴的家训家规中了解客家人"勤劳俭朴、崇德尚善、和睦亲邻、尊祖敬宗、修身齐家"的理念。

指导要点:可以结合文字内容指导学生联系社会主义核心价值观,解读楹联;指导学生了解客家人迁徙、扎根、发展的历史,学习客家文化。

实例1.振成楼里的一副对联:

振刷精神,担当宇轴。

成些事业,垂裕后昆。

上联气势宏伟,有胆有识,激励自己振作,把国家大任作为自己人生追求的目标;下联则催促自己,趁早做成一些事业,造福后代子孙。楼主林鸿超发愤图强、成就功名的情怀跃然纸上。

实例2:家训馆里的家训家规

2014年6月永定区在庆成楼建成客家家训馆,展出体现土楼客家祖训家规的楹联,寄托着客家先祖对后代的谆谆教诲与美好期望,展现了中华优秀文化和客家优良家风。

活动2:夯土墙——体验土楼墙体的建筑过程

最新的考古发现表明四五千年前我国已经用夯土方法修筑城墙了。生土建筑在中国产生于4000多年前的新石器时代。在公元前16世纪至公元前11世纪的殷商时代就有成熟的夯土技术,到汉代民居建筑使用夯土墙的更多,而且在夯土城墙中开始使用水平方向的木骨墙筋,称为"纴木",这种做法上至汉长安城,下至南北朝、唐、宋,最晚到元代还在使用。北宋李诫编修的《营造法式》一书中系统总结了当时夯土版筑技术的成就。其中规定"筑墙之制,每墙厚三尺,则高九尺,其上斜收,比厚减半;若高增三尺,则厚加一尺,减亦如之"。大部分福建土楼建于明清时代,是夯土筑墙技术经几千年积累提高的技术结晶,是夯土文明最高成就的实物。福建土楼把中国传统的夯土施工技术推向了顶峰。

环节1:夯土砖,检验坚固度

学生活动1:学生五人一组,上网查找资料,初步了解夯土墙常用的材料有哪些,基本方法如何。

学生活动2:领取夯土砖的工具及模具,依据黄土、砂子、石灰的不同比例,设计几组对比实验,以获得最佳比例。

指导要点:引导学生可以从网上了解到,建造福建土楼一般选用黏性较好、砂质较多的黄土,如果黏性不够,可掺入"田岬泥"(又称"田底泥",即水田下层未曾耕作过的黏土),一般净黄土干燥后收缩较大,夯成土墙易开裂,含砂质则可降低缩水率以减少土墙开裂,有的掺和旧墙的泥土也可以减少土墙开裂。掺黏土是为了增加黏性,保证墙体的整体性与足够的强度。由于各地方土的含砂量千差万别,因此黄土、黏土及老墙泥的配合比例完全由经验确定。通常不能直接用生土,而要把生土与掺和的田底泥等反复翻锄,敲碎调匀,而且翻锄得越仔细、堆放的时间越长越好。这实际上是促使土壤中的腐殖质通过发酵流失(俗称"熟化"),这样的泥土版筑成的土墙强度高且不易开裂。永定土楼的土墙通常使用"三合土",即黄土、石灰、砂子。有的还掺入红糖和秫米浆,以增加土墙的坚硬程度。这样的土夯成的土墙铁钉都难以钉入,经数百年风雨仍完好无损。此外,夯筑时对土中含水量的控制也是保证土墙质量的关键。提醒学生注意纪律,向学生交代清楚劳动时的注意事项,引导学生写好初步的实验方案,可参考表6-3。

表6-3 夯土墙材料比例实验

学校: 记录者: 记录日期: 年 月 日

序号	材料构成:三合土(黄土、石灰、砂子)	检测结果
1	黄土	
2	1/2黄土,1/2石灰	
3	1/2黄土,3/4石灰,1/4砂子	
4		
5		
6		
7		

环节2:做墙基

学生活动:学生领取工具,在基地专业人士的指导下,按图纸要求,做墙基。

指导要点:提供建筑图纸,让每个参与的学生都做到心中有数,明白自己要建造一个怎样的建筑物,同时又明白自己目前要做的具体工作是什么。土墙的基础处理至关重要,要让打基础的学生高度重视,保质保量,否则将前功尽弃。提醒学生注意劳动时的安全及纪律要求。

环节3:夯土墙

学生活动:依据实验结果,结合当地专业人士的经验,采用最佳比例,调配好"三合土"。同时,领取夯墙工具制作"墙骨"。在基地专业人士的指导下,依据夯墙的正确方法夯筑墙体。

指导要点:组织学生有序领取工具,劳动结束后按要求清洗工具,并将工具有序放回原处。提醒学生注意劳动时的安全及纪律要求。

活动3:参观南溪土楼沟

学生活动:参观振福楼,了解5个篇章10个展室的41个家风故事以及客家山歌、童谣、俗语、谚语等;体验客家美食制作,使用传统工艺和传统工具制作糍粑、芋子粄、芋子包等客家传统美食。

指导要点:指导学生了解客家传统文化中的慈孝、忠诚、仁惠等高尚品德。感受传承中华美德、弘扬优良家风的重要性和必要性。

活动4:体验"红色小延安,土楼小英雄"

学生活动:

1. 开展"九(久)传小英雄活动":传颂小英雄故事、传习小英雄军魂、传唱小英雄的红色儿童歌曲、传扬小英雄形象、传演小英雄情景剧、传播小英雄志向、传承小英雄精神。

2. 创设当年红军生活和战斗的场景,多种情景的角色模拟训练。

指导要点:指导学生通过开展红色教育树立先进榜样,弘扬正能量,激励青少年争当现代小英雄。指导学生体验革命斗争的艰辛,引导其身临其境感受传承红色基因。

活动5:参观富川村土楼群古村落

中国传统村落兼有物质形态和非物质文化遗产特性,具有一定的历史、文化、科学以及考古的价值,它们承载着中华传统文化,是农耕文明不可再生的文化遗产。富川村是福建省第一批古村落,具有文化与自然遗产的多元价值,是农耕文明的结晶,基于自然、承载历史、反映人文,是人与自然和谐相处的文化精髓和空间记忆。鉴于此,开展这一活动具有非常深远的意义。

环节1:整体了解,走访,并做好记录。或者选定适合写生的景点,或者拍摄照片,对富川村土楼群古村落有一个整体的感受。

设计意图:实地参观、了解,补充文献资料的不足,丰富对富川村的认知,为后续研究做好铺垫。

指导要点:组织学生跟随当地导游了解各土楼的大致情况,并要求学生做好记录。强调安全纪律。

环节2:采访部分村民、土楼居民等,在采访和观察过程中,看看是否有新的发现或新的问题，对涉及的课题做适当的调整。

设计意图：发现问题的几种途径，如在体验中发现问题，在观察中发现问题，在比较中发现问题，在联想与想象中发现问题。学会发现新问题，并根据新发现适当调整既定课题方向，也是研究中的重要能力。

指导要点：指导学生及时记录发现的问题，并对学生的研究课题提供一些有益的建议。

环节3：学生按课题研究的实施方案开展自主的研究活动，做好拍照、记录等工作。

设计意图：在行前充分准备的基础上，将需要在现场实地采访、观察、拍照取证的工作放在研学点进行，及时解答行前讨论中存在的疑惑，为后续研究扫除障碍。

活动6：参观初溪土楼群及土楼群古村落

环节1：参观初溪土楼群

学生活动：

1. 听介绍，了解初溪土楼群内有长方形、正方形、六角形、圆形、椭圆形等形状的土楼近百座，包括年代最久远的集庆楼和最年轻的善庆楼，列入《世界遗产名录》的土楼有集庆楼、余庆楼、绳庆楼、华庆楼、庚庆楼、锡庆楼、福庆楼、共庆楼、藩庆楼、善庆楼等。

2. 整体了解，走访，并做好记录。对初溪土楼群有一个整体的感受。

指导要点：从形状、所处地理位置特点看初溪土楼群，开展课题研究活动，也可以启发学生对生成的新问题进行探索。

环节2：参观土楼群古村落——中川村

著名爱国侨领胡文虎的虎豹别墅坐落在中川村，是一座中西合璧的建筑。1993年以后，胡文虎的女儿胡仙博士对虎豹别墅进行修整，辟为胡文虎纪念馆，还建了虎豹塔等配套设施。村中的胡氏家庙，是一座明朝万历年间的建筑，规模宏大，工艺精湛。家庙前矗立着15支石桅杆，其中6支蟠龙桅杆，雕琢精细。

探究1：参观胡文虎纪念馆

学生活动：进入胡文虎纪念馆，参观“客家子弟，辉煌一生”“抗日救国，建设桑梓”“虎标良药，风靡全球”“星系报业，遍布五洲”“热心公益，广济博施”“客家情怀，爱国侨领”“兰桂腾芳，大振家声”7部分内容26个展室。

指导要点：指导学生理解胡文虎先生毕生奉行的“取诸社会用诸社会”的信条；让学生思考为什么时至今日，胡文虎先生的爱国主义精神仍然被敬佩、弘扬并载入史册。

探究2:走进中川村

学生活动:

1. 考察仅两三千人的小村庄,在古代涌现出“一门五进士”“三代四司马”“父子进士”等奇特的文化景观。现在的中川村是“村民三千、侨胞两万”“大学生上千,博硕生上百”的著名侨乡,被誉为“天下第一侨乡”。

2. 了解胡氏家庙,中川文化最丰厚的地方,中川文化的缩影摹本。考察“九级半”的典故,富丽堂皇的宗祠,高耸林立的功名碑,“鸡内腹”的故事,文武世家的名联字画,客家人独有的民俗。

设计意图:让学生感受客家家风、家训的重要性。了解客家前辈行文耀武的辉煌、商界巨子的传奇人生、感受客家人当年创业的艰辛。

指导要点:帮助学生理解家庙、家祠文化的传承与现代价值,挖掘、整理自家的家风、家训并交流成果。

活动7:参观福建土楼博物馆

学生活动:参观福建土楼博物馆,对土楼的历史进行全方位的回顾,对其发展有更加全面的认识;开展知识竞赛;即兴谈体会与认识;为传承客家土楼文化,做志愿服务工作;观看客家民俗文化表演;组织总结活动。

指导要点:重点指导学生对研学过程进行小结,反思、交流2天的研学旅行活动的体会,指导开展土楼知识竞赛;指导学生开展保护和传承客家土楼文化的志愿者服务,做土楼文化的传播者。

五、研学总结

(一)活动任务

整理资料(笔记、录音、录像、照片、调查表等),填写研学旅行活动报告表,记录研学旅行过程中新发现的问题,完成成果作品(课件、视频、文章、报告、板报等);交流研学旅行收获及其他成果。小组之间进行互评,提出意见和建议,填写小组活动评价表、自我评价表;拓展延伸:向家人、朋友宣传土楼历史和文化相关常识。

(二)活动准备

场地:多媒体教室、综合实践活动专用教室或报告厅。

材料:研学中获得的信息材料(笔记、问卷调查表、采访提纲、录像、照片等)、小组研学报告册、PPT、视频、研究报告等。

知识与技能:整理与归纳信息的能力,判断、识别和利用信息的能力;提出合理化建议的能力,语言表达、思辨能力,社会责任感。

(三) 学习过程

1. 整理资料,撰写研究报告,见表6-4

表6-4 研学旅行活动报告表

<table>
<tr><td>主体</td><td>□报告□视频</td><td>辅助</td><td>□报告□视频/照片</td></tr>
<tr><td>报告标题</td><td colspan="3"></td></tr>
<tr><td>研学时间</td><td colspan="3"></td></tr>
<tr><td>小组负责人</td><td colspan="3"></td></tr>
<tr><td>小组成员</td><td colspan="3"></td></tr>
<tr><td>研究方法</td><td colspan="3"></td></tr>
<tr><td>课题简介</td><td colspan="3"></td></tr>
<tr><td>研究内容</td><td colspan="3"></td></tr>
<tr><td>已取得的成果,活动遇到的困难及克服方法</td><td colspan="3"></td></tr>
<tr><td rowspan="4">研学活动过程</td><td>阶段</td><td>活动过程
(采访对象、资料、地点等)</td><td>小组成员参加情况</td></tr>
<tr><td>前期准备</td><td></td><td></td></tr>
<tr><td>实施过程</td><td></td><td></td></tr>
<tr><td>总结汇报</td><td></td><td></td></tr>
<tr><td>材料汇总(收集材料的目录、整理的材料、参考文献等)</td><td colspan="3"></td></tr>
<tr><td>新的发现或存在的问题及思考</td><td colspan="3"></td></tr>
<tr><td>小组各成员研学活动心得或反思</td><td colspan="3"></td></tr>
<tr><td>教师点评</td><td colspan="3">教师签名:
年 月 日</td></tr>
</table>

学生活动:整理资料,对研究材料进行分析,撰写课题研究报告,填写永定客家土楼研学旅行活动报告表,回顾过程,对研学旅行活动进行总结,为下一阶段的汇报做准备。

指导要点:指导学生对收集到的资料进行审核筛选、分门别类、归档存放、汇总分析,整理活动材料,对活动结果进行分析,回顾活动过程、进行反思,指导学生撰写结题报告书,完成总结报告,将活动中生成的问题作为新的主题;指导学生对设计方案进行反思和评估;引导学生思考如何呈现活动结果,做好成果展示的准备;依据主题类型特点,指导学生采用针对性和多样化的展示形式;依据学生特点,指导学生采用个性化的展示形式;依据材料特点,指导学生采用最优化的展示形式。

2. 分享交流

学生活动:通过研究报告、设计图表、制作模型、画图、摄影、摄像等方式交流分享活动成果,可选择利用学校网站或公告栏发布,利用学校电视台召开小型的成果发布会,或者组织成果答辩会。

指导要点:提醒学生呈现活动成果时的注意要点,采用丰富多样的总结方式;提醒学生汇报时要注意具体要求、要点及汇报内容,思考如何使成果表达更精彩,引导学生注意从以下几方面进行分享:参加活动的态度、活动的选择与设计、活动过程中的体验和收获、活动的成果及社会效益、创新性和实践性的体现情况。

3. 盘点收获

学生活动:学生将制作、发明、科技论文、调查报告、设计方案等进行盘点,或者参与答辩会,经历质疑问难,反思探究结果,盘点本次活动收获。反思:各小组成员认真反思从前期准备到后期成果展示中的团队合作情况、个人的收获、新的发现、存在的问题及思考,如果重新再经历一遍,会有什么新的做法,对今后的研学活动有何启迪。汇报:结合研究报告,选择合适的方式,在成果汇报会上进行汇报。评价:各小组民主评议,评选最佳活动小组;填写“研学旅行小组成员评价表”,具体见下页表6-5;相关活动成果上传研学平台或录入个人成长档案。延伸:整合各小组资料,完成班级研学报告,并设计宣传方案;利用课余时间对研究过程产生的新课题进行研究。

指导要点:指导学生小结主题研究活动概况;对学生提出成果展示要求;指导各小组展示课题活动成果(例如成果展示活动遇到的困难及克服方法,产生了哪些值得研究的子课题,小组成员的收获、体会等);指导学生对成果展示进行评价,各小组成果展示后,开展问答环节,提出建议;评价小结。激发学生进一步学习、探究的热情，扩大活动的影响。强化学生参加研学旅行活动的成就感，激发学习兴趣，扩大视野、知识面。指导学生还可以以研讨会的形式总结交流参加活动的感想、体会；表彰优秀成果和优秀学生。

表6-5 研学旅行小组成员评价表

<table>
<tr><td>班级</td><td colspan="2"></td><td>姓名</td><td colspan="2"></td></tr>
<tr><td>小组研学主题</td><td colspan="5"></td></tr>
<tr><td>自评</td><td></td><td>他评</td><td></td><td>师评</td><td></td></tr>
<tr><td>总评等级</td><td colspan="5"></td></tr>
<tr><td rowspan="6">自我评价</td><td colspan="2">本次活动中，参加了哪些研究活动？</td><td colspan="3"></td></tr>
<tr><td colspan="2">和伙伴们共同做了哪些研究？</td><td colspan="3"></td></tr>
<tr><td colspan="2">解决了什么研究问题？</td><td colspan="3"></td></tr>
<tr><td colspan="2">通过这次活动，有什么收获或感触？</td><td colspan="3"></td></tr>
<tr><td colspan="2">如何评价自己的表现？</td><td colspan="3"></td></tr>
<tr><td colspan="2">还发现了什么新的值得研究的问题？</td><td colspan="3"></td></tr>
<tr><td>同伴评价</td><td colspan="5">年 月 日</td></tr>
<tr><td>教师评价</td><td colspan="5">年 月 日</td></tr>
</table>

土楼楹联唱响社会主义核心价值观

（福建省初中班主任研训课堂实录）

一、选题背景

永定客家土楼承载着厚重的传统文化，发人深省的楹联更是激荡着历朝历代土楼人家“修身齐家”的理想和“止于至善”的追求。土楼楹联对仗工整、平仄讲究，寓理寓教于其中，展示了土楼人讲道德、讲礼仪、重教育、爱劳动、爱祖国的思想情操，以及对未来的向往和追求。在有“土楼之乡”美誉的永定，设计“探寻客家土楼楹联”综合实践活动，让学生去阅读家乡土楼这部博大精深的书，在社会主义核心价值观的引领下，探究客家历史渊源、优良传统和文化内涵，传承客家先人留下的弥足珍贵的文化遗产，陶冶情操，树立正确的价值观，争当客家好少年。

二、活动目标

（一）通过综合实践活动，让学生了解土楼的历史文化，激发学生对家乡的热爱之情。

（二）提升学生对土楼楹联的欣赏力和感悟力，参与发现美、挖掘美、创造美的活动。

（三）培养学生的科学探究能力和收集整理信息的能力。

（四）在所看、所思、所做的过程中，让学生领会和感悟客家土楼楹联丰富的思想内涵与社会主义核心价值观的相通之处，树立正确的人生观、价值观和高尚的道德情操。

三、活动方式

教师指导；学生以小组合作的形式活动，以小组为单位汇报，个人谈体会。

四、汇报课活动过程

（一）教师导入

闻名中外的客家民居——永定土楼是我们的骄傲，它是客家文化的载体，是客家文明的根。不忘根本，延续根脉，社会才能不断发展和进步，才能继续打造客家人共有的精神家园。上学期，某学校九年级（12）班全体同学在社会主义核心价值观的引领下，走进土楼，通过探寻客家土楼楹联，对客家历史渊源、优良传统、文化内涵有了更加感性的认识。同学们发现，每一座土楼不仅有一个吉祥的楼名，而且还都有几副甚至十几副含意隽永的楹联。这些楹联被镌刻在厅堂墙壁、门框或柱子上，集教化、观赏、审美于一体，有着深刻的思想内涵和深厚的文化底蕴。楹联也叫对联，具有中国特色，有几千年的历史，内涵十分丰富，得到世界的称赞。永定土楼大都建于清末，正是楹联大兴之时，每当土楼修建好时，当地人就会请名流题写楹联，这些楹联是客家先人留下的弥足珍贵的文化遗产。

（二）小组汇报，教师点评

四个小组点面结合，分别从体现土楼楹联思想内涵的与人为善，和谐共处；勤俭耕读，崇文重教；修身治国，雄心壮志4个方面来汇报。

1. 与人为善，和谐共处

（1）活动图片展示（略）

（2）解读楹联

一本所生，亲疏无多，何必太分你我，

共楼居住，出入相见，最宜尊重人伦。

这是出自承启楼的厅堂联：劝导人们同楼共住要和睦相处，不计你我得失，共度峥嵘岁月，共担各种风险，共享天伦之乐。教导后代要有一种谦让的姿态，互助团结，尊重人伦道德。

言法行则，福果善根。

善心行善事，福地承福天。

意思是言行必须一致；幸福的果实是由行善的根系培育出来的，要幸福必先做好人、行好事。俗话说：结善缘后必有福果。客家祖先很好地继承并发扬了这些待人处事的优良传统。将这些精神写进楹联就是为了教育后人要言行一致，遵守法度；积德行善，善有善报。

从来人品恭能寿,自古文章正乃奇。

教育后人恭谨和宽厚才能健康长寿,文章只有浩然正气才能出奇制胜。做人跟做文章一样,文章要正,做人更要正,正直做人,正直做事。

福宅安居相亲相睦,成家创业克俭克勤。

福地风和仁是里;盛堂景聚德为邻。

意思是团结和睦,孝敬父母,友爱兄弟,家庭和睦。

(3) 谈谈现实生活中体现以上楹联思想内涵的例子

楹联里丰富的思想内涵在今天的生活中仍处处可见,还在继续传承,和社会主义核心价值观(文明、和谐、友善)紧紧相连……

教师点评:永定客家人除了受到儒家思想的影响外,还深受佛教思想的影响。第一小组从"与人为善,和谐共处"这个角度来解读土楼楹联的思想内涵,很有现实意义。若人人向善、和谐共处,在善中传递温暖,惠及每个人,就会让和谐、文明之花处处绽放。

2. 勤俭耕读,崇文重教

(1) 活动图片展示(略)

(2) 起源:永定土楼人家深受儒家"学而优则仕"思想的浸染,历来最看重读书出仕。境内稍具规模的土楼,几乎都建有专供培育子弟的学堂。更可贵的是土楼人家早就懂得"修身、齐家、治国"都离不开"勤和俭"的道理,把倡导勤俭的楹联作为勉励后人的警句,镌刻在土楼门框上,并世代相传,发扬光大。如,湖坑裕兴楼的"裕后勤和俭,兴家读与耕"、高头德兴楼的"德门仁里忠和孝,兴家立业读与耕"等。

楹联中还蕴含了与社会主义核心价值观相一致的内容。如:"永保家声勤与俭,成先人志孝和忠。"体现了兢兢业业耕读的敬业精神和与人为善的友善品德。"带经耕绿野,爱竹啸名园。"更体现了勤俭耕读、兴家富国的好品质。

(3) 楹联解读

存心不外和而忍,德业无违读与耕。

意思是用心着意不外乎和睦与谦恭,德行与功业不要违背读书和耕地。

带经耕绿野,爱竹啸名园。

前半句表达了客家先人勤俭耕读的美好品质,后半句则是对庭院园林精致景色的描写,表达了一种人生匆忙、美景闲置的感叹。

(4) 请同学们说一说下面楹联的含义。

振家声宜兄宜弟,兴世业克俭克勤。

承前祖德勤和俭，启后孙谋读与耕。

永保家声勤与俭，成先人志孝和忠。

裕后勤与俭，兴家读与耕。

教师点评：第二小组的同学从体现客家人耕读传家、崇文重教的优良传统这一角度来探究土楼楹联，思路清晰。在他们介绍的众多楹联里，老师最欣赏的是承启楼这座建于1708年的土楼大门上的一副楹联："承前祖德勤和俭，启后孙谋读与耕"。将客家人不可缺少的美德和生活内容"勤劳""节俭""耕田""读书"写在大门楹联上，其子孙后代遵照这个祖训一代一代地继承下去，出了许多出类拔萃的人才。承启楼的始祖是江集成，他既不是富商巨贾，也不是达官贵人，不过是一个忠厚老实的农民，常年辛勤劳动，以耕田为生，带领他的四子、二十孙、七十二曾孙，四代一百多人，经过几十年经营劳动，终于建成承启楼。天道酬勤，希望同学们继承发扬客家人这种勤奋好学、崇尚文化的精神，谱写美好明天。

3. 修身治国，雄心壮志

(1) 活动图片展示(略)

(2) 读楹联

日读古人书，志在希贤希圣。

应付天下事，心存爱国爱民。

一带山河甲天下，少年努力争士才。

达则兼济天下，穷则独善其身。

承前光祖德，启后裕孙谋。

(3) 探起源

客家的先人多是因躲避战乱逃亡到福建，想要在这崇山峻岭之中定居十分不易。在艰难的再创业过程中，他们吸取自身教训，鼓励后人不要贪图安逸，而是要励精图治、不畏艰险，要有承前启后、重振祖业、成家立业的雄心壮志。所以客家的许多楹联都寄托着先人对后代的殷切希望，期盼他们能够光宗耀祖，成就一番事业。

(4) 赏楹联

干国家事，读圣贤书。

这副楹联主要是勉励后代要奋发图强，努力学习，以国家发展、民族兴衰为己任；同时，活到老学到老，用自己的毕生精力为之奋斗！"天下兴亡，匹夫有责"，每个人读书的目的就是为了国家的繁荣与富强。这与社会主义核心价值观中的"爱国"不谋而合。

振作那有闲时,少时壮时老年时,时时须努力。

成名原非易事,国事家事天下事,事事要关心。

这副也是振成楼中的楹联。它把楼名“振成”两字分别引为首字。此联的下联仿照明朝顾宪成的“风声雨声读书声,声声入耳;家事国事天下事,事事关心”,模仿得很巧妙,能够体现土楼人家的精神风貌,勉励后人把握时光、爱国爱家、建功立业。

(5) 小结

客家楹联充满了客家先人对后代的期望,他们希望子孙后代能够立下雄心壮志,报效国家,为祖国的繁荣富强做贡献。中学生应该由此得到启迪,树立正确的价值观,拥有远大的抱负,好好学习,将来成为祖国的栋梁,为中华民族伟大复兴做贡献。

教师点评:在第三组学生领读楹联的过程中,我想到了梁启超先生在《少年中国说》里的诗句:“故今日之责任,不在他人,而全在我少年。少年智则国智,少年富则国富,少年强则国强,少年独立则国独立,少年自由则国自由,少年进步则国进步,少年胜于欧洲,则国胜于欧洲,少年雄于地球,则国雄于地球。”希望同学们争做修身、齐家、治国、平天下、有雄心壮志的客家好少年。

4. 探究振成楼里的楹联

(1) 学生小组发言

我们第四小组对振成楼情有独钟,走进土楼,沐浴在客家文化氤氲的氛围中,特别是在欣赏土楼楹联时,让我感受到客家人知书达礼、勤俭、修身、齐家的精神和为人处世的原则。那么,就让我们撷取印象最深刻的几副楹联与大家共赏。

(2) 活动图片展示(略)

(3) 畅谈探究体会

振成楼是永定客家土楼建筑艺苑中的一朵奇葩,而中门庭上、厅堂里的一副副楹联,便是附在这奇葩上的一颗颗晶莹夺目的珍宝了。振成楼的中堂宇有一副四字的楹联:“言法行则,福果善根”。上句可看作言法即行则,即说话的规范就是行为的规范,应该怎么说就应该怎么做,以此强调言行必须一致。而下句可看作福果由善根,即幸福的果实是由行善的根系培育出来的,要幸福必先做好事,行善事。

从这副楹联中可以感受到客家人踏实、友善的精神品质,同时也明白了一个道理,做一个有善心善行的人,才会快乐幸福。

这幅中堂宇的楹联,是出自清代惠士奇之手:“从来人品恭能寿,自古文章正乃奇。”指的是一个人立身行事,能如此“恭敬”,自然容易成功,长久立于不败之地,人格之光永远闪耀,而如果写作能坚定遵守文章的普遍规律和正确法式,那么,文章就能形成简约严明的风格,篇章更是光彩熠熠,不同凡响。

我们都很佩服客家先人的智慧,能在楹联中文以载道,教后人做人与写文章的道理。一箭双雕,智慧过人。

比如“振纲立纪,成德达材。”告诫人们无论是“国”还是“家”,都要有“纲”有“纪”,才能培养出德才兼备的人才来。二厅的楹联为“干国家事,读圣贤书”,教人读书报国。还有“不因富贵求佳地,但愿儿孙做好人。”“承前祖德勤和俭,启后孙谋读与耕。”这些楹联文字反映了客家先人的向往、追求与希冀,持续不断地给后人起着灌输、训诫、鞭策的作用,蕴含的无声教诲,深深烙印在我们的脑海里。

厅右壁的“带经耕绿野,爱竹啸名园”,赞颂了那些在政治黑暗腐败的环境中,不愿同流合污,而在田园里自食其力,读书修德,自得其乐的名士。那绿野的“绿”,挺拔不屈的“竹”,以及“啸”的浩气,蕴藏着勃勃生机,充满对生活的热爱。读着这副楹联,脑海中仿佛呈现东晋隐士陶渊明在乱世中独善其身的清高形象和清代郑板桥的《竹石》中“咬定青山不放松,立根原在破岩中”的颂竹佳句。

还有“振乃家声,好就孝悌一边做去;成些事业,端从勤俭二字得来”“世变十年,沧桑屡易;园荒三径,松菊犹存”“能不为息患挫志,自不为安乐肆志”“在官无傥来一金,居家无浪费一金”等楹联,都表现了客家人勤劳俭朴、勤奋好学、忠孝两全的民风。徜徉在振成楼的门庭、厅堂之间,这一副副意蕴丰富深远的土楼楹联和小桥流水人家的田园风景相得益彰,是一场视觉与心灵的盛宴。

无论时间多么匆匆,这悠远的客家楹联文化终将亘古流传,永远记录着土楼人家的仁义礼智和忠廉节孝。

(4) 学以致用,自创四副楹联送给在座的所有同学和老师:

土楼方圆蕴天地,客家一脉承古今。

乘风破浪展我二中风采,与时俱进共创祖国未来。

胸怀国家立志高远,报效人民大展宏图。

今日群英聚会土楼增色,明朝硕果闪亮客家腾飞。

教师点评:第四小组对振成楼的确是情有独钟,如果说前面三个小组是从“面”上来探究客家土楼楹联的,那么第四小组就是从“点”上来探究的,而且第四小组能够学以致用,自己创作了四副楹联送给大家,很有创意。

五、收获与体会

学生1:在探寻土楼楹联活动中,我不仅了解了土楼精神及其文化内涵,而且还培养了团结合作精神，拓宽了视野，磨砺了意志，不再被束缚在一室之内，而开始走出校园，走进社会。

学生2：在这次活动中，我学会了许多，不但懂得了与同学们合作，还在土楼楹联的欣赏中得到了精神的洗礼。

学生3：生活中处处有语文，土楼楹联让我感受到祖国传统文化的博大精深。

学生4：这次活动中我虽然表现不是非常出色，但是重在参与，学到了许多东西，也受到了文化的熏陶，土楼精神的确应该发扬光大。

学生5：徜徉于青山绿水掩映之下的土楼，美哉！品读土楼楹联，不亦乐乎！

学生6：每座土楼都有十几甚至几十户人家，几十甚至上百个房间，走进土楼，里面就是楹联的世界，楹联的海洋，内容丰富，风格各异，真是让我们大饱眼福！

六、反思

（一）由于毕业班活动时间和自身认识的限制，对客家土楼楹联的探究还只是揭开了一层薄薄的面纱，还有待进一步探究。

（二）活动的形式比较单一，主要是以解读楹联为主，还可以更丰富，如表演、现场解说、知识竞赛、现场对楹联、讲土楼楹联的故事、公益活动等。

（三）在学校建立客家文化墙，把客家土楼楹联及内涵书写于文化墙上，作为校园文化建设的一部分，让同学们耳濡目染，培养他们高尚的道德情操，更好地继承与发扬客家传统文化和客家精神 。

（四）应该在本校或全区推广我们探究的成果，让更多同学，更多人投身到客家文化研究和传承当中来。

七、教师总结

永定客家土楼楹联作为客家文化的重要组成部分，是对中华民族优秀传统文化的继承和发扬。同学们通过小组合作探究，多角度解读土楼楹联，从中领略客家人的理想追求和价值取向，加深了对富强、文明、敬业、和谐、爱国、友善等社会主义核心价值观的理解。社会的进步、人们精神的集聚，离不开优秀传统文化这一有效载体，更离不开社会主义核心价值观的正确引领。希望同学们因对客家文化的传承而更加奋发有为，让客家人的明天更精彩。

（王芬　游爱娇）

土楼回响　和谐共鸣

（福建省科技创新大赛获奖作品）

一、研究背景

2008年7月7日，在加拿大魁北克省举行的第32届世界遗产大会上，中国的46座福建土楼被正式列入《世界遗产名录》，它们是由福建省永定、南靖、华安三县的“六群四楼”组成，其中包括永定初溪土楼群、洪坑土楼群、高北土楼群及衍香楼、振福楼；南靖县田螺坑土楼群、河坑土楼群及怀远楼、和贵楼；华安县大地土楼群等。它们拥有一个共同的称号——福建土楼。从此，土楼拥有了世界级的名片，点亮了世界的眼睛，世界也记住了土楼。人们从五湖四海慕名而来，涌进土楼，流连忘返。土楼交响曲一定会奏响全世界。

不经意间，笔者发现“福建土楼交响曲”中的不和谐之音。在打造土楼这张世界级名片时，在推动旅游经济发展的过程中存在着不良的竞争问题——各个土楼景区竞争激烈，大有舍我其谁的气势，各自为营，宣传上投机取巧，混淆视听，一时间乱象丛生，引起了颇多争议。

二、研究过程

（一）制订活动计划

包括查阅书籍、收集资料、图片，设计、发放调查问卷，采访、调查学生、群众、游客、相关部门工作人员，实地考察，阶段小结，撰写结题报告，向相关部门汇报等。

（二）收集并学习相关资料

1. 通过收集—采访—整理—小结的方式获取资料。

2. 利用课余、周末、假期去书店、图书馆、博物馆、旅行社、政府部门等处收集资料。

3. 上网查找：永定政府网、各旅游网站等。

4. 学习《福建省"福建土楼"世界文化遗产保护条例》相关内容。

（三）调查、访问

1. 问卷调查结果

调查问卷1. 针对游客和当地居民（发放200份，回收有效问卷180份）

(1) 您到过永定、南靖、华安三县的土楼吗？能说出各县土楼的特色吗？

游客（占30%）都说曾到过永定、南靖、华安三县的土楼，从外观上看三县土楼都差不多，但永定土楼更具文化内涵。

(2) 福建土楼申报世界遗产成功后会带来哪些新的商机？同时会带来哪些新的问题和担忧？

游客（占80%）和当地居民说福建土楼申报世界遗产成功带来了实惠和巨大的商机：中外游客量剧增，带动周边土特产经营、酒店、饭店等经济的发展……新的问题随之而来，如有些游客环保意识不强，随手乱扔垃圾，致使有些地方垃圾成堆；有的甚至到处乱涂、乱画、乱刮，致使土楼伤痕累累；景区周围饭店林立，有的甚至在土楼内乱搭建饭店进行不规范经营……他们担心土楼会失去本色，前景不容乐观。

(3) 关于保护土楼和发展土楼经济之间存在矛盾吗？对此，您有何更好的建议？

游客（占65%）认为保护土楼和发展土楼经济之间不存在矛盾，而且二者相辅相成，互相促进，保护土楼是为了更好地发展土楼经济，发展土楼经济是为了加强保护土楼的力度。建议通过全民动员、加大宣传、加强制度建设、招商引资等来保护土楼和发展土楼经济。

(4) 您觉得各地在发展土楼旅游产业的过程中有哪些不良的行为?有哪些好的做法值得借鉴学习？

游客（占25%）说各地在发展土楼旅游产业的过程中存在不良的竞争行为，如各做各的广告，宣传上投机取巧、混淆视听，互相压价等。

游客（占53%）说各地土楼旅游内容还不够丰富，导游总体素质有待提高，要让来土楼旅游的客人体验愉快之旅，可以多学习其他地方的成熟经验。

(5) 您认为要打好"福建土楼"这一世界级名牌该如何来整合资源？

游客（占80%）认为应该三县强强联合，由省里统一策划，三县深入合作，提升品位，才能打响"福建土楼"这一世界级旅游品牌。

调查问卷2. 针对学生(发放500份,回收有效问卷462份)

(1) 你对土楼了解多少? 土楼申遗成功后你有何想法?

(2) 你认为是否有必要将有关土楼的知识列入乡土教材中?

(3) 你注意到政府在保护土楼、发展土楼经济方面做了哪些具体工作吗? 有哪些不足之处? 你有何建议?

(4) 你对整合福建土楼资源有何建议?

通过调查发现大部分学生(占55%)对福建土楼相关知识不是很了解,但知道土楼申遗成功后都非常自豪。几乎每个学生(占95%)都认为应该把土楼的相关知识列入乡土教材中,非常愿意了解福建土楼的相关知识。学生说政府在保护土楼、发展土楼经济方面应该做更多工作,比如修路、招商引资等,建议在土楼周边多种植花草树木,不在土楼四周建高楼大厦,建化工厂,定期对土楼进行修补。少数学生(占15%)对整合福建土楼资源给出了自己的意见,建议省政府做“带头人”或在省里成立一个总的土楼旅游公司,统一领导、策划、行动,还要做到奖罚分明。

2. 实地调查

(1) 宣传不符合规定,出现不良竞争现象

①在漳龙高速公路南靖出口设立的“福建土楼”指示牌,误导游客“福建土楼”只在南靖;②国内某通信公司在大量发行的黄页上随意将福建土楼与南靖土楼混淆,给消费者以“福建土楼仅仅存在于南靖”的错误印象;③福建旅游黄页上以“福建土楼”名义介绍南靖土楼,误导消费者;④多个地方在田螺坑土楼群图下标注“福建土楼”进行宣传,误导消费者。

(2) 土楼的形象被破坏(照片略)

(四) 采访

1. 采访博物馆馆长(了解土楼的历史文化背景、土楼的文化内涵、土楼节)。

2. 采访文联主席(了解有关土楼的摄影作品、明信片、邮票)。

3. 采访电视台负责人(了解土楼节的花絮、如何利用媒体宣传土楼)。

4. 采访土楼旅游公司经理(了解目前存在的较突出的不合理竞争问题及其严重后果)。

(五) 阶段小结

对资料、图片、采访记录等进行整理、筛选,选择对解决探究问题有利的资料;

对调查结果做进一步的统计、分析;发现问题、提出问题、分析问题,寻求解决问题的思路与方法;撰写调查分析报告。

三、研究结果

(一)土楼展现中华创新精神。土楼是一本色彩斑斓的百科全书,蕴含着民族精神和深厚的文化底蕴;是中国古代建筑史上的一朵奇葩,凝聚着客家人的聪明才智。

(二)土楼追求和谐,蕴含人文精神。土楼追求的是人与自然、人与人的和谐。土楼的建造讲究“天人合一”,与周边山水和谐共存。古老的土楼蕴含着丰富的人文精神,这也是土楼的“独一无二”之处。

(三)土楼是客家人的精神家园。土楼人家聚族而居、和睦相处、坚韧不拔、开拓进取、敬祖睦宗、团结互助、耕读为本、忠孝仁义。后人应该继承和发扬这种土楼精神,要“学而时习之”“温故而知新”,最终超越先人,为子孙后代留下更为珍贵的精神遗产。

(四)保护土楼、点亮土楼、传承土楼文化。一些土楼的墙上有乱涂、乱画、乱刮的痕迹,一些土楼有成堆的垃圾,一些土楼还出现了被毁坏的残垣断壁……创造者艰难,毁灭者举手之间。我们应该马上行动,从我做起,保护土楼,点亮土楼,做土楼文化的传承者。

(五)应当建议政府相关部门整合“福建土楼”资源。“福建土楼”申遗成功后,在如何利用土楼这张世界级名片发展土楼旅游经济的过程中,出现了不良竞争的乱象。建议相关部门从大局出发,抓紧整合“福建土楼”资源,在保护土楼的基础上合理利用,携手打造土楼名片,创建有特色的精品土楼旅游,打造魅力福建。

四、研究建议

(一)采用多种手段宣传土楼。通过网站信息发布、网络广告、手机短信及彩信等形式进行宣传与营销,对现有网站进行优化设计;充分利用各种大型会议、会展及节庆活动机遇,加大宣传推介力度,吸引全球旅游者的眼球;采用新闻媒体营销,积极通过电视广告、专题访谈栏目、影视作品等形式进行营销宣传。让“福建土楼”深入人心,吸引世界各地的人们慕名而来。

(二)政府介入宏观调控、政策引导。政府应统一规划,让三县深入合作,统一形象、统一标识、统一步调、统一行动,“统一”才能规范化、标准化、产业化,才能把“福建土楼”的旅游事业做实、做大、做久。

(三)整合土楼旅游资源。永定、南靖、华安三县应有“大土楼观”“大土楼情怀”,携手整合“福建土楼”资源,在对外宣传上,把“福建土楼”作为整体进行包装,共同打造“福建土楼”这一世界级名片,打造特色土楼城市,打造魅力福建。

(四)将福建土楼列入闽台旅游合作线路。永定是客家县,是港澳台同胞、海外侨胞的主要祖籍地,台湾总人口的四分之一是客家人,与福建有着密不可分的情缘。客家土楼是客家文化的符号和象征,客家文化特别强调家国情怀,以强烈的“根的意识”为基本特征,对台湾同胞有着独特的吸引力。深入挖掘、弘扬土楼文化对建设“两岸人民交流合作先行区”起着独特的作用。将福建土楼列入闽台旅游合作路线,吸引更多台湾同胞来福建寻根谒祖、观光旅游,增进彼此的了解与互信,增强台湾同胞对祖国大陆的认同感和向心力。

(五)他山之石可以攻玉。一是利用影视效应:《五朵金花》让人们知道了云南大理、《阿诗玛》推出了石林,《天龙八部》捧红了大理“天龙八部影视城”……影视作品带动旅游大有势不可挡之势。土楼规模宏大,结构精巧,内涵丰富,也是一个天然摄影棚,应该利用好这一资源,广为宣传和开展活动,吸引名家到土楼创作、采风,体验生活,勾起他们创作的欲望,规划、设计出以客家土楼为背景的影视剧或影视城。二是利用经典特色效应:学习云南丽江,建设富有浓郁客家特色的土楼民俗风情小镇。

五、收获与体会

“问渠哪得清如许,为有源头活水来。”求知欲与责任感让我们走进土楼,了解、调查、分析、思考、探究、大胆设想……不仅丰富了对“福建土楼”的认识和了解,增强了热爱家乡的情感,而且锻炼和提高了沟通、实践、创新能力。

(游安琪　游爱娇)

附 录

龙岩市研学课程资源简介

龙岩市位于福建省西部，通称闽西，现辖新罗区、永定区、上杭县、武平县、长汀县、连城县、漳平市。闽西是全国著名的革命老区，有着“二十年红旗不倒”的光荣历史，也是著名的客家聚居地，七个县（市、区）中，有五个客家县（区）。龙岩市是国家生态文明建设实验区、全国绿化模范城市、全国森林旅游示范区，拥有丰富的红色教育资源、客家文化资源和绿色生态教育资源。

2016年教育部等11部门颁发《关于推进中小学生研学旅行的意见》后，龙岩市高度重视中小学生研学实践教育活动和基（营）地的选取、建设工作，“龙岩市示范性综合实践基地”被确定为国家级研学营地，古田被确定为国家级研学基地；永定客家家训馆、长汀水土保持科教园等6个基地被确定为省级研学基地；中央苏区（闽西）历史博物馆等36个基地被确定为市级研学基地。

红色文化资源

闽西是全国著名的革命老区。在长达20多年的革命战争年代，闽西人民经受了血与火的严峻考验，赢得了“二十年红旗不倒”的光荣赞誉。现今留存众多闻名全国的革命旧居旧址，是弥足珍贵的红色文化遗产。以古田会议旧址群为核心的闽西红色之旅，是全国12个“重点红色旅游区”的重要组成部分。

红色资源是我们党最可宝贵的教育资源，其中蕴含先进的思想观念、正确的政治观点、高尚的道德情感、良好的心理素质和健康的审美情趣。习近平同志曾深情地说：“闽西和江西赣州的一部分是中央苏区，对党和革命的贡献是最大的。”他认为最重要的是“我们要永远铭记老区人民为革命作出的贡献。永远不要忘记老区、永远不要忘记老区人民，忘记就意味着背叛”。为将“红色”理念融入研学实践教育活动，让广大青少年了解我们的先辈们经历过怎样的艰难困苦和顽强奋斗才取得革命的胜利，换来今天的幸福生活，就应当让他们通过探究闽西红色资源，去了解光荣的岁月，理解共产党在中国革命战争和建设中的领导地位、核心作用形成的历史必然性，以更好地传承红色基因，弘扬闽西革命传统，讲好闽西红色故事，坚定地跟党走中国特色社会主义道路。为此，我们选择上杭县古田会议旧址、毛泽东才溪乡调查纪念馆，长汀县福建省苏维埃政府旧址，连城县松毛岭战地遗址，永定区中央红色交通线纪念馆等多处红色资源，开发研学课程，以充分发挥红色教育资源的思想导引、政治驾驭、道德示范、心理优化、审美熏陶等功能。

各县（市、区）中小学可根据就近的原则，因地制宜利用本地红色研学课程资源，拓展红色研学实践教育活动的实施空间。如：可开发武平县南昌起义部队石径岭战斗遗址、“红四军入闽第一村”陈列馆、刘亚楼将军故居，漳平市象湖红色革命旧址群，连城县新泉红色旧址群等资源，策划或规划相应研学课程。

客家文化资源

何谓“客家”，客自何处来?“中原有旧族，迁徙名客人。”“筚路桃弧辗转迁，南来远过一千年。”晚清著名客家诗人黄遵宪诗意地描述了客家先民因为战乱、兵祸，不得不从中原一路南下，辗转万里，流徙千年的历程。他们筚路蓝缕而来，至南方则披荆斩棘、拓荒垦殖而立，因此被新居地的人称为客家人，久之也自称为客家人。

“方言足证中原韵，礼俗犹留三代前。”客家先民虽历经迁徙，却牢牢保留了深厚的儒家文化、优良的“耕读”传统、多彩的民俗风情等当时中原所独有的文明。因此，某种意义上说，客家文化正是以语言、习俗、族谱、文学、艺术、建筑、饮食等为代表的文化。

当我们走进客家文化集大成者——汀州城时，会发现客家人的诗意无处不在：每一块古老斑驳的城墙都在娓娓诉说这座千年客家古城的辉煌历史。青石板铺就的店头街，小店林立、美食俱全、门楼高耸，黄发垂髫，怡然自乐，客家人对美好生活的追求和向往就浓缩在这诗意的古街上。大夫第、八喜馆、卧龙书院、汀州试院……每一处都是客家人智慧和文化的见证。

当我们翻开一本本客家族谱，会发现客家人虽流落迁徙他乡，心却从未远离中原；虽衣衫褴褛、形销骨立，根却从未抛下。客家族谱博物馆让客家人找到了回家的路，留住了寻根的魂！

说到闽西客家建筑，我们无法忽视永定土楼和培田古民居两朵奇葩，一个是“东方建筑明珠”，一个是“民间故宫”，它们用土墙竹木、青砖黛瓦勾勒出客家人与山水的诗意生活。

客家人喜欢用热闹欢快的庆祝活动表达对风调雨顺的祈求、对五谷丰登的感恩、对自然万物的敬畏：他们在姑田游大龙、在罗坊走古事，在芷溪游花灯、在新泉烧炮仗……连城县博物馆会让您穿越时空隧道，回到唐诗宋词的中原文明里欢歌笑语。

两岸客家人虽远隔千山万水，但都对被誉为“客家保护神”的定光古佛顶礼膜拜，这正是客家人崇尚真善美、厚待万物众生的最好诠释！所以愿您心怀赤子真心来到武平定光古佛前，唱一曲“两岸一家亲”的赞歌！

繁星纵逝，智慧永恒！

客家文化不显山不露水，既是有形的，又是无形的，它通过语言、城郭、族谱、建筑、民俗、信仰等来表现。在此仅选择了6个具有闽西客家特色的主题进行研学课程的开发，希望能让孩子们通过这些主题的研学，系统学习客家迁徙历史、客家城郭建设、客家语言、客家族谱、客家建筑、客家民俗、客家信仰等客家知识，感受“忠孝节义”“耕读传家”“修身齐家”“敦亲睦邻”等族规家风，弘扬以团结和奋进为主旋律的客家精神，真正享受一场客家文化的盛宴！

龙岩市有五个客家县(区)，客家文化资源浩如烟海、灿若星辰，希望越来越多的人走进客家,来一场令人难忘的客家文化之旅。

梧桐树已栽好,我们静待凤凰来栖!愿您拥有诗意盎然的客家行!

生态文化资源

龙岩市以山地、丘陵为主,呈现“八山一水一分田”的地理特征。曾经,为求生存,人们开荒种地、砍柴烧炭,严重破坏山林资源。随着社会发展和生活水平的不断提高,人们对优质的水源、清新的空气、安全的食品、优美的环境等物质条件的要求越来越高,需求也由“盼温饱”转变为“盼环保”,“求生存”转变为“求生态”。龙岩市领导远见卓识,变山多田少的劣势为优势,依托得天独厚的自然条件,坚持“绿水青山就是金山银山”的生态发展导向,加大造林绿化力度,扩大森林“增量”:重抓水土流失治理,实施大规模造林工程,变零星、分散式治理为规模化整体治理,走出了一条以林业生物措施为主的长汀水土流失治理模式之路,竖起了我国南方水土流失治理的一面旗帜;建立了梅花山、武平梁野山、长汀汀江源3个国家级自然保护区,龙岩、上杭、永定王寿山、漳平天台4个国家级森林公园,长汀汀江、漳平南洋、武平中山河3个国家湿地公园。至2018年底,龙岩市拥有林地面积2367亩,占土地面积的82.8%,森林覆盖率达78.93%,居全省首位,全国首列。梁野山国家级自然保护区、永定森林公园获“中国森林氧吧”称号。龙岩先后被评为国家森林城市、全国绿化模范城市、全国森林旅游示范市、全国林业信息化示范市,全市7个县(市、区)均被评为省级森林城市(县城)。

作为全国生态文明建设的实验区,龙岩在全国率先启动华南虎拯救工程,建立了华南虎繁育及野化训练基地;率先开展以“明晰产权、落实处置权、放活经营权、确保收益权”为主要内容的集体林权制度改革试点,创造了林改“武平经验”。建立了武平、连城、长汀3个国家林下经济示范县;建立了杜鹃、国兰、蝴蝶兰、富贵籽、红掌五大盆花生产基地,书写了生态文明建设的传奇。

可以说,龙岩的每一个生态研学基地都蕴涵着丰富的课程资源,现选择6个比较有代表性的基地作为第一批研学试点课程内容,依次为:水土流失治理典范——长汀水土保持科教园;华南虎繁育及野化训练基地——梅花山中国虎园;水上茶乡——漳平市九鹏溪;中国天然氧吧——梁野山景区;生态农林经济发展模式——

武平县中山松花寨生态茶庄园;国兰生产基地——连城兰花博览园。旨在通过对这些研学基地的参观考察,了解龙岩的大体生态情况,感受龙岩的秀美山川,激发热爱家乡,建设家乡的情感,深入思考并提出相关的生态问题,将问题转化为有研究价值的课题,学会运用科学方法开展课题研究。

劳动教育资源

2018年9月10日,习近平总书记在全国教育大会上提出"德智体美劳"的总体要求,将劳动教育纳入全面培养的教育体系,强化劳动教育的地位,强调要在学生中弘扬劳动精神,教育引导学生崇尚劳动、尊重劳动。劳动教育成为"五育"之一,要培养学生正确的劳动观,掌握适应社会发展的各种劳动技能,促进初中劳动教育的健康发展。

我们综合考虑区域、学情及基地特点,确定了6个劳动教育研学点。这6个研学点依次为:新罗区苏坂西楼村、山福生态农业科普教育基地、永定区富川一甲土楼研学基地、上杭畲家贵妃农庄、观音井百果园青少年研学实践教育基地和漳平台湾农民创业园。针对初中开发的主题依次为"习生存巧技能,悟农村原生态""体验农耕生活,探寻生态农业""品古村文化蕴,探乡村振兴路""普及绿色生态,倡导健康生活""探梅园品梅趣,巧动手勤实践""品茶赏樱养花,调研体验修身"。

在经济全球化高歌猛进的新时代,本着与时俱进、适应时代发展的要求,结合不同年龄段孩子身心发展的规律和特点,让中小学生能够在这些田地、山林、草场上学会生存、学会劳动,体验农业时代、工业化时代、知识经济时代等不同时代的劳动,促进书本知识与生产劳动相结合,结合新农村建设、乡村振兴策略,感受改革开放伟大成就,增强对坚定中国特色社会主义道路自信、理论自信、制度自信、文化自信的理解与认同。劳动教育系列研学课程,从劳动的本源性价值、经济性价值、教育性价值三个方面全面培育学生的劳动价值观,培养具备劳动的素质,能够弘扬劳动精神、崇尚劳动、懂得劳动最光荣,能够辛勤劳动、诚实劳动、创造性劳动的时代新人。

国防科工资源

国家兴亡,匹夫有责。关注国防、了解国防、建设国防,是每一个中华儿女不可不察的大事。龙岩市中小学生研学实践教育国防科工课程,紧密联系国内外安全形势的发展变化和新时代社会主义建设的实践进程,以《国防教育法》《中小学综合实践活动课程指导纲要》《全民国防教育大纲》为指导,遵循教育性、体验性、科普性兼顾的原则,结合中小学研学实践教育的要求,开发国防科工课程资源,丰富研学实践教育内容,凸显趣味性、实践性和探索性,力求使研学课程贴近时代要求和中小学生特点。通过深挖国防科工研学基地内涵,引导中小学生了解国防知识,体验军事科目训练,学习红色军工精神,传承闽西红色基因,感受科技进步对国防建设的重要意义,增强国防观念和强军意识,培育崇军尚武文化,以达成筑牢信念、丰富知识和提高国防素养的目的。

围绕国防教育类场馆、国防基地体验、国防科技产业开发三类研学主题课程。主题一:国防教育类场馆研学课程,旨在引导学生铭记红色军工历史,感知红色军工的艰苦条件与辉煌战果,传承红色军工精神的正能量,赓续军工报国的种子,深化军工文化对于坚定青少年的理想信念;认识矿产资源的种类、用途、开发技术等,了解资源的价值,感受科学利用资源和保护资源不容掠夺的重要性,树立保家卫国的意识,培养科学探究的兴趣,树立改进科学技术的理想信念,培养理性、严谨的科学精神。主题二:国防基地体验类课程,旨在树立维护国家主权、安全和发展利益,富国和强军相统一,保卫国家安全、履行国防义务的思想意识;树立国家利益高于一切,居安思危、爱军习武,保卫祖国、勇敢奋战的国防观念。主题三:国防科技产业类课程,旨在引导学生关注国防科技领域的新发展,探究科学知识、培养科学兴趣,掌握科学方法,弘扬科学精神,提升科学素养,同时聚焦科技发展。

增强青少年以爱国主义为核心的国防意识是本课程的教学目标。通过积极探索新形势下国防教育的新办法、新手段、新载体,把思想引导、舆论宣传、军事实践、课程教学、活动培养、文艺熏陶、环境渲染等方法有机结合起来,组织中小学生开展研学教育实践活动,切实增强国防教育的时代感和实效性。结合具体的研学实践,注重对中小学生进行纪律教育,培养吃苦耐劳、艰苦朴素、顽强拼搏的精神,促进学生综合素质的提高。

主要参考文献

[1] 陈金海. 指向核心素养的综合实践活动课程实施路径[J]. 教学与管理,2018(12):71-73.

[2] 易骏,张贤金. 高中综合实践活动课程开展的关键环节分析[J]. 教学与管理,2017(9):92-94.

[3] 王秋芳. 新时代学校劳动课应“有型有色”[J]. 教学与管理,2020(10):72-73.

[4] 王晓燕. 研学旅行亟须专业化引领发展[J]. 人民教育,2019(24):12-16.

[5] 冯新瑞. 研学旅行与综合实践活动课程[J]. 基础教育课程, 2019(20):6-12.

[6] 罗国求. 基于民族传统文化,开展德育实践活动[J]. 现代职业教育,2021(12):172-173.

[7] 潘静. 让“德”生长在综合实践活动之中[J]. 成才之路,2020(23):25-26.

[8] 焦新霞. 利用中华传统文化实施小学德育的研究[J]. 新课程·上旬,2019(12):314-315.

[9] 于红梅. 以主题实践活动,促听说读写能力发展[J]. 新课程·小学,2019(10):82.

[10] 高闻. 综合实践活动中研究性学习的有效指导[J]. 教育艺术,2010(9):12.

[11] 肖晓阳. 普通高中研究性学习的规范化研究[J]. 福建教育学院学报,2010(3):75-77.

[12] 吴丹. 如何实现主题班会课的创新[J]. 新课程·上旬,2017(5):214-215.
[13] 倪海峰,刘爱萍,邱赛赛. 班主任主题班会良好设计的必要性研究[C]//张春红、齐春怡,石秀丽,等.《新课改背景下课堂教学方法与手段的有效性研究》科研成果集(第二卷). 北京:北京中教智创信息技术研究院,2016:861-870.
[14] 吴乐乐,曹雷,柏杨. 综合实践活动课程课堂教学评价综述[J]. 教学与管理,2015(8):79-80 .
[15] 李树培. 综合实践活动课程核心素养与评价探析[J]. 全球教育展望, 2016(7):14-23.
[16] 牛金成,周卫东. 小学综合实践活动课程实施中的师生表现评价[J]. 教育测量与评价(理论版),2010(10):31-34.
[17] 许贵奎. 论综合实践活动过程中实施“研究性学习”的做法与体会[J]. 综合实践活动研究,2016(4):40-41.